Heinrich Zimmermann

Heinrich Zimmermanns von Wissloch in der Pfalz, Reise um die Welt, mit Capitain Cook

Heinrich Zimmermann

Heinrich Zimmermanns von Wissloch in der Pfalz, Reise um die Welt, mit Capitain Cook

ISBN/EAN: 9783743476660

Hergestellt in Europa, USA, Kanada, Australien, Japan

Cover: Foto ©Andreas Hilbeck / pixelio.de

Weitere Bücher finden Sie auf **www.hansebooks.com**

Heinrich Zimmermanns

von

Wißloch in der Pfalz,

Reise um die Welt,

mit

Capitain Cook.

Mannheim
bei C. F. Schwan, kuhrfürstl. Hofbuchhändler,
1781.

Sr. Excellenz

dem

Hochwohlgebohrnen Reichsfreiherrn

Herrn

Albert von Oberndorf.

Sr. kuhrfürstlichen Durchleucht zu Pfalz ꝛc. ꝛc. Kämmerer, wirklicher geheimer Staats- und Konferential-Minister, Hofrichter, der kuhrpfälzischen Salinen-Kommißion Oberdirektor, kuhrfürstl. Jagdschiffe-Intendance Intendant und Ehrenpräsident der kuhrfürstl. Akademie der Wissenschaften, auch Ritter des kuhrpfälzischen Löwen-Ordens,

unterthänigst zugeeignet

von dem Verfasser.

Vorrede.

Lange dachte ich darüber nach, ob es nicht Verbrechen seye, die Bemerkungen, die ich mir auf unserer Seereise gesammelt habe, bekannt zu machen. Da fiel mir ein, daß es Pflicht bei dem Schiffsvolk wäre, seine Papiere auszuliefern; daß Grosbrittannien, welches mit schweren Kösten die neue Entdeckungen zu machen und zu unterstützen suche, ein Recht darauf habe, allein die Beobachtungen seiner Seefahrer der Welt mitzutheilen; daß es uns dafür bezahlte, und daß wir eben deswegen gebungen waren, nur für England zu bemerken.

Ich habe auf das alles nur einige kurze Antworten zu geben, und die Gründe vorzulegen, die mich gleichwohlen bewogen haben meine Beobachtungen nieder zu schreiben.

Soll-

Vorrede.

Sollte diese unvollständige Beschreibung, die aus der Feder eines Matrosen geflossen ist, jemals in eine Vergleichung mit der gesetzet werden können, die in England erscheinen wird? Und kann sie ihr Abbruch thun? Habe ich nicht allein zu fürchten, daß man meine Beschreibung verwerfen, sie zurücklassen, nicht kaufen werde, um die vollständigere und richtigere Jener, die mehr, als ich, sehen konnten und mußten, abzuwarten? Also wäre der Schade für mich allein.

Sollte es der Neuheit der künftig mitzutheilenden englischen Observationen schaden? Nun so kann ich versichern, daß noch manches Neues, manches von mir nicht gesagtes, nicht einmal gedachtes in jenen enthalten seyn wird. Und das wird immer weit wichtiger, immer neu bleiben.

Ist denn aber nicht auch etwas Neues, etwas das man von England nicht erwarten wird,

wenn

Vorrede

wenn ein Matros seine Art die Sachen anzustaunen dem Publikum vorleget? Ists nicht ein ganz anderer Weg, den dieser gehet? Und kann der Weg den andern kreuzen, den nur erfahrne Beobachter gehen können?

Hatte ich denn mein Gedächtnis verkauft? Und, wenn mir dieses von dem, was ich gesehen habe, eine Erinnerung bringet, warum dürfte ich das nicht auf meine Art erzählen, dürfte es nicht vielen erzählen, dürfte es nicht aufschreiben und dann drucken lassen? Ists doch einem andern Reisenden nicht möglich alles zu vergessen, was er gesehen hat, und niemalen davon zu reden, oder zu schreiben.

So dachte ich, und das verbunden mit dem Rath mehrerer Freunde, ward Ueberzeugung und Ursach, daß ich nun drucken lasse.

Vorrede.

Ich meyne bei redlichen und bei den Engländern selbst, deren Freundschaft ich um alles nicht verscherzen möchte, über solche Vorwürfe dadurch entschuldiget zu seyn. Und dann habe ich noch ein Wort über die bei neuen und weniger bekannten Nahmen eingeschlichene Schreibfehler beizusetzen.

Meine Erziehung hatte mir das nicht gegeben, daß ich diesem nachspähen, oder in Büchern mich deshalben Raths erholen konnte; und daher die Fehler. Wäre die Sache selbst nicht so wichtig, daß sie an sich alle Aufmerksamkeit verdiente, dann hätte ich Unrecht mein Werk mit so wenigen Vorbereitungen in die Welt zu schicken; so aber mag es Nachsicht bei Billigdenkenden erhalten, und zu dieser empfehle ich mich ihnen.

Auf meiner im Jahre 1770 angetretenen Wanderschaft mußte ich, weil ich auf der erlernten Gürtlersprofeßion, theils aus damaligem Abgang fremder Sprachen, und theils aus Mangel der Profeßionisten selbst, nicht aller Orten Arbeit finden konnte, allerlei Wege zu Gewinnung meines Brods einschlagen, und unter anderen zu Genf bei einem Rothgießer, und bei einem Vergulder, zu Lion bei einem Glockengießer, zu Paris bei einem Schwerdfeger, und zu London in einer Zuckersiederei Arbeit nehmen.

Ich wollte, nach dem mir angebohrnen frischen Pfälzermuthe auch noch versuchen, wie es auf der See hergehe, und da in dem Jahre 1776 von dem Königreich Großbrittannien zwei Kriegsschaluppen, nemlich die alte Resolution und Discovery auf neue Entdeckungen ausgeschicket wurden, so gieng ich unterm 11 Merz nemlichen Jahres auf letzterer als Matros in Dienste.

Die Resolution hatte 112 Mann und 16 Kanonen, die Discovery aber 72 Mann und 12 Kanonen an Bord; erstere wurde von dem bekannten Weltumsegler Herrn Capitain James Cook als Kommodore, leztere aber von dem Herrn Capitain Karl Klerk kommandiret.

Den 12 May mehrgesagten 1776 Jahres stachen beide Schiffe von Deptfort aus in die See, und nachdem wir zu Wollwitsch die erforderliche Munition und zu Plymouth den nöthigen Lebensvorrath eingenommen, so segelte die Resolution den 12 Julii zu wirklicher Antretung der großen Reise nach dem Vorgebürge der guten Hoffnung ab; wir konnten aber erst den 1 August wegen einer in den Weg gekommenen Hindernis mit der Discovery dahin nachfolgen.

Die Reise an sich selbst hatte die Entdeckung einer Durchfahrt zwischen den beiden Welttheilen Amerika und Asia auf der nordwestlichen oder nordöstlichen Seite zum Hauptgegenstande, und waren deswegen sowohl 10000 Pf. als auch, wenn wir uns bis auf 5 Grad dem Nordpole näherten, noch weitere 5000 Pf. Sterling zur Belohnung ausgesezt; dann muste auch der bekannte O-mai auf dieser Reise nach seinem Vaterlande zurückgebracht werden.

Ich nahm mir gleich bei dem Anfange der Reise vor, alle Entdeckungen und alle Begebenheiten, so weit mein gemeiner Verstand reichet, fleißig zu bemermerken, brauchte aber dabei, weil ich voraus wußte, daß man (wie auch wirklich geschehen) die hievon öffentlich handelnde Papiere entweder einliefern, oder zernichten muß, die Vorsicht, daß ich mir noch ein kleines Schreibtäflein hielte, und in diesem das Hauptsächlichste ganz kurz, und mit halben Worten in deutscher Sprache niederschriebe.

Dieses von mir glücklich errettete Schreibtäflein und mein Gedächtnis sind die einzige Grundlage meiner Beschreibung der Cookischen vierten und lezten Reise um die Welt.

Von Plymouth aus gieng unser Lauf nach dem Vorgebürge der guten Hoffnung, fast grad gegen Süden bei den kanarischen Inseln, und dem Königreiche Marocco in Afrika vorbei; wir hielten uns immer Südost ohne eine Insel zu betreten.

Unterwegs den 23 September fiel der Seesoldaten Korporal, Namens Herressen, durch Ungeschicklichkeit über Bord; wegen der eben eingetretenen Nacht und sich erhobenem starken Winde konnte er von dem mit 5 Mann ausgehö'rten Boote nicht mehr gerettet werden, und hätten wir wegen Ungestüm des Windes fast diese 5 Mann auch darüber verloren.

Den 10 November kamen wir glücklich an dem Vorgebürge der guten Hoffnung und um 11 Tage später als Herr Cook an; nachdem wir hier unser Seegel- und Thauwerk, ausgebessert, auch einen so star-

ken

ken Lebensvorrath noch an Bord genommen, daß wir mit jenem aus England mitgenommenen auf 22 volle Monate verproviantiret waren; und nachdem wir zu der von England aus auch schon mitgebrachten starken Anzahl Geisen und Schaafen, dann ein Paar Pfauen, noch zwei Hengste und zwei Mutterpferde, zwei Stiere und zwei Kühe eingenommen, so segelten beide Schiffe den 1 December wieder ab.

Wir nahmen unsern Lauf nach dem von Frankreich einige Jahre zuvor angeblich entdecktem Kap eines südlichen festen Landes und den 11 December fanden wir ohngefehr in dem Grad 42 südlicher Breite zwei kleine Inseln, welche grad gegeneinander über, nemlich eine gegen Süden und die andere gegen Norden liegen, und beide hohes gebürgigtes Land sind; wir fuhren ohne uns aufzuhalten durch selbe, und als wir den 24 desselben Monats beiläufig in dem Grad 49 südlicher Breite, und ohngefehr in dem Grad 70 östlicher Länge (von Greenwich an gerechnet) kamen, so stießen wir auf ein beträchtliches Land.

Wir warfen vor selbem auf einem felsigten Boden Anker; in nemlicher Nacht brach aber in der Discovery ein Arm des Bugankers ab; wir ließen, wie das Schiff zu treiben anfing, gleich wieder einen andern Anker gehen; dieser faßte zum Glück gleich Grund, und des andern Tages früh, nemlich den 25 sahen wir bei Anbruch des Tages, daß ein aus der See mit

der

der Spitze hervorragender großer Fels kaum 20 Fuß hinter i̇. liege, und wir in der äusserſten Gefahr waren, zu ſcheitern.

Um uns aus dieſer gefährlichen Lage zu bringen, ſo ſegelten wir längſt der Küſte mit auſſerordentlicher Mühe gegen den Wind hin, und fanden einen bequemen Meerbuſen, wo beide Schiffe ruhig und ſicher vor Anker zu liegen kamen.

Den 26 fanden wir unter einem durch Menſchenhände aufgethürmtem Steinhaufen, eine verpettſchirte Bouteille, worin ein geſchriebener franzöſiſcher Brief verwahret war.

Herr Kommodore Cook hielte den Inhalt des Briefes geheim, und umſchiffte von Süden gegen Oſten das Land; ſelber nahme aber hiebei gleich wahr, daß es nur eine mittelmäßige Inſel ſeye, und äuſſerte ſich, daß die Franzoſen, weil ſie es für ein ſüdliches feſtes Land angeſehen, und Cap de la Circoncißion genennet, ſich geirret hätten.

Die Inſel iſt ſehr öde und unfruchtbar, ganz felſigt, und hat weder Bäume, Geſträuche, noch Pflanzen; ſie iſt gebürgigt, und mit vielen friſchen Waſſerquellen verſehen. Wir fanden hier eine groſſe Anzahl Penguins, daß ſie uns kaum das Land geſtatteten, und wir ſie allemal zuvor abtreiben muſten; Seehunde und Seelöwen ſchlugen wir auch in groſſer

Menge nieder, und diente das ausgesottene Fett uns zur Lampe.

Auf dieser Insel, und überhaupt in dieser Gegend war es damals, ohnerachtet allda der Zeit nach Sommer ware, sehr kalt, und stiege der farenheitische Thermometer bis auf den Grad 31, welches wieder ein bündiger Beweis ist, daß die Kälte auf der südlichen Seite der Welt weit stärker, als auf der nördlichen seye.

Nach einem viertägigen Aufenthalte giengen wir den 27 mit einem günstigen doch heftigen Winde wieder unter Seegel, und nahmen unsern Lauf Nordost.

Den 26 Jenner 1777 kamen wir nach dem südlichsten Theil von Neuholland, nemlich dem sogenannten van Diemensland, und warfen in einem bequemen Hafen ohngefehr in dem 42 1/2 Grad südlicher Breite und in dem Grad 150 östlicher L. Anker.

Weil hier mehrere Wasserquellen und das Land auch mit gutem Holze versehen war, so wurden gleich Anstalten gemacht, von beidem einen Vorrath zu sammlen.

Es fanden sich bald an dem Ufer sieben wilde Einwohner ein, spielten anfänglich mit den auf dem Wasserfaße gelegenen Spunten, endlich warfen sie auch die Fässer um, und rollten sie hin und her, ohne jedoch uns im mindesten in unserer Arbeit zu stören.

Das Freudengeschrei und Gelächter, so diese Wilden hierüber führten, kam uns in den Gesträu-

chen

chen an den Wasserquellen zu Ohren; wir liefen aus Furcht den Boots, in welchen wir unsere Gewehre zurückgelassen, zu, und feuerte der Lieutenantsgehülfe Herr Hume, ein Schottländer, über die Köpfe der Eingebohrnen eine Flinte ab; diese Wilden, die vorhin, und wie sie uns aus den Gesträuchen herauskommen sahen, gar keine Furcht merken liessen, und ganz ruhig in ihrem Spiele fortfuhren, stimmten auf diesen Schuß ein erbärmliches Geschrei an, schlugen beide Hände flach auf den Kopf, und liefen in aller Eile in die Wildnis.

Herr Kommodore Cook wurde über diesen unvorsichtigen Streich sehr unwillig, besonders weil er in seiner vorigen Reise mit den Einwohnern auf der ganzen Küste von Neuholland zu gar keinem freundschaftlichen Umgange, aller Mühe ohngeachtet, gelangen, auch damals auf der Küste von dem jetzt in Frag befangenen van Diemensland gar keine Einwohner wahrnehmen konnte.

Herr Cook gienge nemlichen Tag noch nebst einigen Leuten ein ziemliches Stück Weges in das Land hinein, und war so glücklich, daß er bei seiner Rückkunft ohngefehr neun Wilde mitbrachte; er beschenkte sie mit Spiegel, weissen Hemden, Gehängen von Glaskorallen, und einigen metallenen Brustbildern Ihrer Majestät König Georgs des III. von Großbrittannien, und dieses that eine so gute Würkung, daß den an-

dern

dern Tag schon von selbst 49 Manns- und Frauens-personen sich bei uns einfanden; diese wurden zum Theil wie die vorigen beschenket, waren aber gleich jenen nicht zu bewegen, mit uns an die Schiffe zu gehen.

Diese Wilden sind von ganz dunkelbrauner Farbe, haben ganz kurze wolligte Haare, und sind nach der Aeusserung des Herrn Cooks den Eingebohrnen auf der Küste von Neuholland ganz ähnlich; sie gehen ganz entblößt und bedecken beiderlei Geschlechter niemals ihre Schaam; die Weiber hatten ihre kleine Kinder in einem Felle auf dem Rücken hangen, und trugen sie mit sich wo sie hinglengen. Ihre Mundart ist ganz fein, von ihrer Sprache aber konnten wir und auch O-mai nicht das mindeste verstehen. Ihr Wuchs ist nicht der schönste, und bemerkten wir unter ihnen eine sehr krippelhafte und bucklige Mannsperson, die nebst dieser seiner Ungestalt noch damit sich von allen andern unterschiede, daß er ganz feuerrothes wolligtes Haar hatte; dieser war gleichwohl, so viel wir an dem verehrenden Betragen der übrigen abnehmen konnten, der Befehlshaber von ihnen. Waffen nahmen wir bei ihnen gar keine wahr, und hielten sie daher für gute unschuldige Leute, und konnte Herr Cook über den Unterschied dieser gegen jenes ungesellige wilde Volk auf der Küste von Neuholland seine Verwunderung nicht genug äussern,

Ihre

Ihre Nahrung bestehet, so viel ich in der Geschwindigkeit erforschen konnte, in Seemuscheln, Seeaustern, und sonstigen Fischen, auch allerlei Wurzeln. Es war keine Spur von Ackerbau, noch von fruchtbaren Bäumen, auch sogar nicht nicht von Hütten anzutreffen; das Brod so wir ihnen reichten, nahmen sie zwar an, warfen es aber gleich wieder weg.

Vermuthlich verändern diese Leute, besonders bei dem in den Monaten Junius, Julius und August eintretendem grösten Winter gleich den Tartarn ihren Aufenthalt, und ziehen gegen Norden hin; es läßt sich dieses um so eher schliessen, weil Herr Cook vorhin von selben auf der Küste niemand angetroffen.

Wegen ihrer Religion und Sitten konnte ich gar keine Nachricht einziehen, weil wir schon den vierten Tag nach Neuseeland abgiengen.

Unterweges den 4 Februarii fiel im Sturm abermals ein Seesoldat ohne Rettung über Bord, und den 12 kamen wir in Neuseeland, wovon Herr Cook eine genaue Karte schon vorhin entworfen hatte, in der von ihm entdeckten und das Land in zwey Haupttheile trennenden Meerenge an. Wir warfen in der jetztgesagten Cookischen Meerenge in der Königin Charlotten-Sund Anker, und hier untersuchte Herr Cook die Art, auf welche in voriger Reise 9 Mann von dem Schiffsvolke des im Sturm damals von ihm getrennten

ten Capitain Tourneaux, von den Neuseeländern umgebracht worden.

Diese erzählten Herrn Cook, der gleich dem Omai ihre Sprache gut verstand, ganz frei, wie sie es gemacht, und daß sie die Erschlagenen aufgezehret hätten. Die Ursache der Ermordung bestand darin: weil einer von dem Schiffsvolk eine Entwendung in einer Hütte der Eingebohrnen begieng, und als diese das Entwendete zurückverlangten, einer von ihnen Schläge bekam.

Wir kamen selbst auf den Ort, wo der Ueberfall und Ermordung geschehen, fanden noch viele Gebeine, und der Wilde, der den ersten erschlagen, und überhaupt das meiste dazu beigetragen hatte, Namens Pedro, war öfters bei uns auf den Schiffen. Dieser Pedro ist von ungemeiner Leibesstärke und Größe, dabei sehr flink, und hat vermuthlich seinen Namen von den schon vorhin auf der Insel gelandeten spanischen oder anderer Nationen Schiffen entlehnet.

Herr Cook brauchte bei diesen gefährlichen Menschenfressern alle Vorsicht, und doch überfielen uns einmal nächtlicherweile ohnfehr 25 bis 30 Mann in unseren beiden auf dem Lande aufgeschlagenen Zelten; als sie aber unsere Wachsamkeit und die Ergreifung unserer Waffen wahrnahmen, ergriffen sie die Flucht, und trugen außer einem zum Thransieden gebrauchten eisernen Löffel, gar nichts zur Beute davon.

Die

Die Insel ist nicht volkreich, und was Cook deswegen vermuthete, erfuhr er durch zwei bei unserer den 23 Februarii erfolgten Abreise mitgenommene Jungen von ohngefehr 12 und 9 Jahren; die erzählten, daß fast immer eine Familie mit der andern Krieg führe, und was erschlagen, aufgezehret würde.

Beide Jungen waren beständig bei uns auf den Schiffen, und so an uns gewöhnet, daß sie uns recht gern auf der Reise folgten; Herr Cook nahm sie den Tag vor unserer Abreise noch mit an das Land, sie wollten aber nicht da bleiben, sondern lieber mit uns gehen.

Es ist unnöthig eine Beschreibung von Neuseeland zu machen, weilen diese in der vorigen Cookischen Reisebeschreibung schon weitläuftig enthalten ist; wir nahmen unsern Lauf Nordost gegen die gesellschafts- oder tahitischen Inseln zu, wegen sich ohngefehr im Grad 26 südlicher Breite eingestellten widrigen Paßatwinde musten wir aber unser Vorhaben noch aufgeben, und uns auf die westliche Seite schlagen.

Den 29 Merz entdeckten wir ohngefehr in dem Grad 21 südlicher Breite, und in dem Grad 200 östlicher Länge, eine unbekannte Jusel, deren ihr von Herrn Cook gegebenen Namen ich nicht erfahren. Wir sahen an dem Ufer eine starke Anzahl schöner großer Menschen alle mit Waffen, nemlich hölzernen Spießen und Flitzbögen. Zwei davon kamen ganz herzhaft in einem Kahn auf uns zu; Herr Cook gab sich durch Vorzeigung verschiedener Geschenke alle Mühe, den Kahn an sich zu ziehen; es war aber alles vergebens. Herr Capitain Klerk suchte selbe von der Landseite abzuschneiden, und in die Mitte der beiden Schiffe zu bringen; sie merkten es aber und machten sich eilends wieder an das Land.

Herr Capitain Cook schickte drei Boots mit Mannschaft und Geschenken gegen das Land; wir versuchten auf alle Art Freundschaft mit ihnen zu machen, sie hielten sich aber immer mit ihren Waffen fertig, und würdigten weder uns, noch die ihnen vorgezeigten Geschenke mit einem Blick.

Ein bequemer Platz Anker zu werfen, war nicht vorhanden, und wegen rings an der Küste befindlichen Ryfs und Korallenfelsen konnten wir auch mit den Boots ohne äusserste Gefahr nicht landen, und musten daher unsere Reise ohnverrichteter Dinge fortsetzen.

Den 31 Merz entdeckten wir ohngefehr in nemlicher südlicher Breite, und in dem Grad 198 östlicher Länge wieder eine unbekannte Insel, deren Namen ich wieder nicht erfahren; es gieng gar keine Oeffnung in das Land, wir lavirten hin und wieder, konnten aber wieder keinen bequemen Platz zum Ankerwerfen finden, auch wie auf der vorigen wegen nächst an der
Küste

Küste rings herum befindlichen nemlichen Ryfs und Felsen mit unsern Boots nicht landen.

Eine große Menge der dortigen wilden Einwohner, versammelte sich gleich bei unserer Ankunft an der Küste; alle ihre Zeichen schienen ganz freundschaftlich zu seyn, und zwei davon kamen sogar in einem Kahn zu uns abgefahren. Nach kurzem Widerstande nahmen beide uns Geschenke ab; kamen endlich auch zu uns auf die Schiffe, und gaben uns deutlich zu verstehen, daß wir zu ihnen an das Land kommen sollten, und sie uns alle Freundschaft erweisen wollten.

O-mai, der ihre Sprache ziemlich verstand, dann beide Herrn Lieutenants Gore und Burney wollten, nachdem sie zu drei Boots die besten Matrosen ausgesucht, nochmals versuchen, ob es nicht zu landen möglich seye; wir fanden aber dieses Unternehmen, wie vorhin, zu gefährlich.

Einige der Einwohner merkten gar bald, daß wir uns nicht getraueten mit unseren Boots durch die Schwellung und Sorffe durchzusetzen; sie kamen daher zu uns in ihren Kahns abgefahren, und erboten sich, uns an ihr Bord zu nehmen, und an das Land abzusetzen. Wir hatten vorhin schon beobachtet, daß diese Wilden an den Ryfs und Felsen mit ihren Kahns die Schwellung der See abwarten, alsdann ohne Gefahr darüber setzen, und in diesem Betracht geschicktere Seeleute, als wir, sind; es entschlossen

sich daher vorgesagte zwei Herrn Offiziers, nebst O-
mai mit ihnen, sich auf die Insel zu begeben, besonders da sie sahen, daß an der Küste wieder eine un-
zählige Menge Volks versammelt, alle mit einem grünen Zweig in der Hand versehen waren, und also
sicher unsere Freundschaft suchten. Sie langten Nach-
mittags gegen 2 bis 3 Uhr glücklich mit ihren wilden
Gefährten auf der Insel an; bei der Ankunft nahmen einige vor Freuden den Kahn auf den Rücken,
und trugen solchen mit der Ladung an das Land;
inzwischen kamen verschiedene Wilde, während wir die
Matrosen, unsere beide Herrn Offiziers und O-mai
hinter den Ryfs zurückerwarteten, an unsere Boots
geschwommen, brachten uns Kokosnüsse, Planteins,
Bananas und Schedyx (eine Art Früchte so ausser ihrer Größe den süssen Pomeranzen viel ähnlich sind) zu.

Gegen 6 Uhr des Abends wurden unsere beide
Offiziers und O-mai (nachdem wir wegen ihrem
langen Ausbleiben doch schon einigermaßen besorgt,
und in Verlegenheit gesetzet waren) in einem Kahne
der Wilden an unsere Boots unter Anstimmung eines
allgemeinen Freudengeschreies der Einwohner zurückgebracht.

Diese erzählten bei ihrer Zurückkunft, daß es ein
sehr geselliges und freundschaftliches Volk seye, und
besonders rühmten sie die angenehme Freiheit des
Frauenzimmers, welches auch wohl an ihrem so langen

gen Aufenthalte auf der Insel meistens Schuld gewesen seyn wird.

Wunderbar war es, daß O. mai fünfe von seinen Landesleuten auf dieser Insel entdecket, die nach ihrer Aussage in einem Sturme in ihrem elenden Fahrzeuge dahin getrieben wurden, wo doch die Entlegenheit der tahitischen Inseln bei 230 deutsche Meilen ausmachet.

Nach allen Umständen mag die Gegenwart dieser fünf Landsleute des O. mai, und derselben von uns schon gehabte gute Kenntnis, uns den freundschaftlichen Empfang dieser Insulaner allein zuwege gebracht haben. Die Insel an sich selbst ist etwas niedrig, an fruchtbaren Bäumen sehr reich, und gleicht von weitem den schönsten Baumgärten; sie mag ohngefehr 9 deutsche Meilen im Umfang haben.

Die Gesichtsfarbe der Eingebohrnen ist den Otahiten ganz ähnlich, und bedecken sie mit von Gras künstlich geflochtenen Tüchern ihre Schaam; ausser diesem bemerkten wir aber gar keine Kleidung an ihnen.

Den 3 April fanden wir ohngefehr in dem Grad 19 südlicher Breite, und 197 östlicher Länge, eine noch unentdeckte und dem Namen nach mir wieder unbekannte Insel, die auch niedriges Land hat, mit vielen fruchtbaren Bäumen versehen, und ebenfalls nicht beträchtlich groß ist.

Wir konnten zwar wieder keinen bequemen Hafen zum Ankerwerfen finden, jedoch aber mit unsern Boots landen: wir fanden keine Wasserquellen wie auch keine Menschen, trafen aber doch Merkmale von alten zerfallenen Kahns und Hütten an, und haben diesen Umständen nach schon Menschen darauf gewohnet.

Den 7 April entdeckten wir in obiger südlichen Breite und ohngefehr in dem Grad 196 östlicher Länge, wieder eine kleine Insel; viele Einwohner kamen mit ihren Kahns auf uns zugefahren, waren alle mit hölzernen Spiessen und Flitzbögen versehen; sie nahmen keine Geschenke an, stellten sich ausserordentlich wild, und gaben uns mit Zeichen zu verstehen, daß wenn wir uns ihrem Lande näherten, sie uns alle umbringen wollten. Die Insel hatte keinen bequemen Platz zum landen; dahero auch Herr Cook sich nicht viel Mühe gab, mit ihnen Freundschaft zu machen, sondern seinen Weg weiter fort sezte.

Den 14 April landeten wir auf der von Herrn Cook in voriger Reise schon entdeckten, aber unbewohnten Palmerstons Insel unter dem Grad 18 südlicher Breite, und dem Grad 195 östlicher Länge; wir haueten auf dieser viele Kokosbäume um, und benützten die Früchte davon, so uns recht gut kamen, indem uns schon seit dem 6ten auf beiden Schiffen ein Drittheil an der gewöhnlichen täglichen Mundportion

abge-

abgezogen, und einem jeden des Tages eine halbe Maß Waſſer ausgetheilet wurde.

Nach einem dreitägigen Aufenthalt giengen wir den 17ten unter Seegel, und fuhren den 24ten an der von Herrn Cook ſchon vorhin beiläufig unter dem Grad 20 ſüdlicher Breite und 191 öſtlicher Länge, entdeckten Sauvage-Inſel, ſo von ihm wegen dem darauf befindlichen ungeſelligen Volke, alſo genennet wurde, vorbei, und den 28ten langten wir auf der Inſel Rotterdam oder Anamoka an.

Auf dieſer ſchon längſt bekannten und beſchriebenen Inſel, hat einer derſelben Befehlshaber Namens Finau, ein wohlgeſtalteter ſchöner und dabei vielen natürlichen Witz verrathender Mann, von mittelmäßigem Alter, uns ſehr höflich empfangen.

Herr Kommodore Cook beſchenkte ihn mit einem gläſernen Gehänge um den Hals und einem Beile; Finau gabe gleich Befehl, daß das Volk uns mit Lebensmitteln verſehen ſolle, und dieſes brachte uns Schweine, Hüner, die ſogenannte Brodfrucht, Planteins, Piſangs, Kokosnüſſe und Yamswurzeln in Menge zu.

Herr Cook gab ihnen Nägel, Meſſer, Spiegel, Scheeren und Glasperlen dagegen, und verbot, daß keiner von dem Schiffsvolke im Handel mehr, als er davor geben, auch keiner, bis die Schiffe mit Lebens-
mit-

mitteln versehen, sonstige Seltenheiten von ihnen eintauschen sollte.

Herr Cook nahme den Finau mit an unsere Schiffe, ließ die Waldhornisten blasen, auch Trommel und Pfeiffen rühren; dieser hörte alles mit Vergnügen ganz ernsthaft an, und stellte sich gar nicht wie die übrigen, die vor Verwunderung die Hände über dem Kopf zusammenschlugen.

O-mai dessen wilde Sprache vieles mit jener dieser Insulaner gemeines hatte, diente uns hier ziemlich zur einen Dollmetscher.

Herr Cook erkundigte sich bei Finau, ob keine andere uns noch unbekannte Inseln in diesem Himmelsstriche wären; er zeigte ihm an der nachmittägigen Sonne, die Lage von noch mehreren, und als wir den 8 May dahin abfuhren, so gienge Finau in seinem eigenen Kahn voraus, wiese uns nicht nur ohne Magnetnadel und ohne das Land im Gesicht zu haben, zum größten Erstaunen des Capitains den Weg, sondern zeigte uns auch durch Ausspannung der Arme die Tiefe des Wassers, und wir konnten ihm mit unsern großen Schiffen sicher nachfolgen.

Am nemlichen Abend kamen wir beiläufig unter dem Grad 22 südlicher Breite und 186 östlicher L. auf der größten dieser Inseln an; wir trafen auf selbiger einen andern Befehlshaber Namens Fetefi an; dieser ein schon sehr alter großer Mann und von ausserordentlichem

lichem fetten und schweren Leibe, nahm uns sehr höflich auf; und eben so wurden wir von den Einwohnern auch empfangen. Herr Cook belegte diese Insel mit dem Namen der Freundschafts-Insel, wie die nächstgelegenen drei Inseln Amsterdam, Rotterdam und Mittelburg schon ohnehin benennet sind; die übrigen von Finau angezeigten Eilande besuchten wir aber diesmal nicht, weil sie dem Angeben nach sehr klein sind.

Den 10ten machten wir auf dieser neuentdeckten Insel ein Feuerwerk; Finau bezeigte Lust eine Rackete zu werfen, und auf dessen Gestattung zündete er solche an, und warf sie so gut und herzhaft in die Luft, als ein Europäer immer thun kann. Den 11ten ließ Herr Cook von beiden Schiffen sämtliche Seesoldaten ohngefehr 32 Mann mit klingendem Spiel und Fahnen ausrücken, und zeigte die Art, wie man in Europa Krieg führe, durch alle Manövres; wir schossen auch mit dem kleinen Schießgewehr einige Kugeln in Bäume, um ihnen die Würkung des Pulvers zu zeigen.

Dieser Auftritt machte die Verwunderung des Volks sehr rege, und Finau erkundigte sich um alles auf das genaueste.

Den andern Tag ließ Finau all das Kriegsvolk von der Insel auch ausrücken, und zeigte ebenfalls ihre Kriegsart. Das Volk wurde in zwei Parthieen getheilet; ein jeder Kriegsmann hatte ein von einer Baumrinde künstlich geflochtenes Gewand, das von den

den Knien bis an die Hüften reichte, um sich, und oben war es mit einem aus roth gefärbten Gras geflochtenen Gürtel fest gebunden; ihr Gewehr bestehet in einem harten Stück Holz, so unten einen runden Handgriff hat, oben aber sehr scharf viereckigt, ohngefehr 2 und 1/2 Schuh lang und dabei sehr künstlich ausgestochen ist.

Für diesmal wurden aber nur aus grünem weichen Holz dergleichen Gewehre verfertiget, um einer Beschädigung vorzubeugen. Finau gab die Losung zum Streit; es trat einer nach dem anderen heraus, und rufte aus der andern Parthie sich einen Gegner auf.

Mit äusserster Verwunderung sahen wir, wie geschickt und künstlich ein jeder auf seinen Gegner losschlug, und wie einer dem andern mit eben so geschickten Wend- und Drehungen des Leibes als der Waffen selbst ausparirte.

Der Verlierende muste mit Zurücklassung seiner Waffen abtreten, und durfte nicht zu seiner Parthie wieder kommen, die Parthie des Gewinnenden aber stimmte einen Freudengesang an, welches sehr harmonisch in ohngefehr folgenden Ausdrücken ho - a - ma - to - to lautete, und sehr lieblich anzuhören war.

Das Kriegsvolk zeigte auf Anordnung des Finau uns auch eine Art von Handgemenge; ein jeder band an beiden Händen die Finger mit einer aus rothgefärbtem Gras geflochtenen Schnur ganz fest zusammenmen, die beiden Daumen blieben aber frei, und forderte alsdann wieder einer den anderen heraus. Die Daumen sezten sie einander an die Hüften, fuhren mit selben in den vorgesagten Gürtel hinein, und stürzte einer den anderen mit solcher Stärke und Geschwindigkeit zu Boden, daß der Schwächere dem Stärkeren keinen Widerstand thun konnte; es versuchten zwar einige der Stärksten von uns, ob sie mit keinem durch ein solches Handgemenge etwas gewinnen könnten; allein der Vortheil, den sie hierin haben, liesse keinen Meister werden.

Nachdem wir uns auf dieser neu entdeckten Insel mit den nemlichen Lebensmitteln als auf der Insel Rotterdam, versehen hatten, so segelten wir den 25 May wieder davon ab: und ist von selber noch anzumerken, daß das Land niedrig, zwar mit mehrern frischen Wasserquellen versehen, hingegen aber dieses nicht ausnehmend gut, auch sehr weit von der Küste entfernet seye; die Breite der Insel machet kaum eine, die Länge aber acht bis neun deutsche Stunden aus. Sie ist sehr fruchtbar, das Land mit süssen Erdäpfeln und Yamswurzeln ordentlich angebauet, und mehrentheils sind die fruchtbare Bäumen in regelmäßige Alleen gesetzet.

Den 28ten landeten wir auf der Insel Amsterdam oder Tongatabu in der sogenannten Marienbay, auf der nordöstlichen Seite, wo wir auf einer Seite

durch

durch einen Korallenryf, auf der andern aber durch einige kleine Inseln sicher gedeckt waren.

Diese Fahrt war sehr gefährlich, und von allen Seefahrern vorhin für eine Ohnmöglichkeit angesehen, hier zu landen; allein weil die auf der nordwestlichen Seite der Insel gelegene sogenannte Tasmanns-Rheede sehr unsicher ist, so muste nach dem bekannten entschlossenen Forschungsgeist des Herrn Cooks aller augenscheinlichen Gefahr ohngeachtet, dieses Unternehmen für diesmahl ausgeführet werden. Mit Hülfe der Ebbe und Fluth, welche hier 8 Schuhe gestiegen, setzten wir über den vorgenannten Korallenryf hinüber; es giengen immer 3 Boots voraus, und das Senkblei wurde beständig ausgeworfen. Die Tiefe des Wassers wechselte sehr ab, und betrug öfters nur kaum 12 Schuhe; wir musten immer den Untiefen ausweichen, und dem Boote folgen, welches das tiefste Wasser anzeigte; die Resolution stiesse zwar dreimal auf Felsen, jedoch allemal ohne Unglück.

Drei Tage nach unserer Ankunft auf der Insel Amsterdam trafen Fetesi und Finau nach ihrem Versprechen bei uns allda ein.

Herr Cook beschenkte hier den Fetesi mit einem Stier, einer Kuh, drei Geissen und ein Paar Enten, Finau aber mit einem Hengst und Stuttenpferde. Wir lernten diesen letztern reiten, welches possirlich anzusehen war, und er wuste vor Freuden über dieses

Geschenke fast von nichts anders mehr als von seinen zwei Pferden zu sprechen. Beide bestrebten sich gleich uns ein Gegengeschenk zu machen, und dieses bestunde darin, daß sie zwei Pyramiden von Yamswurzeln in das Viereck ohngefehr 4 Schuh breit und 20 Schuh hoch, künstlich aufsetzen, auf jede oben ein gebratenes Schwein, und unten eine große Anzahl lebendiger Schweine mit zusammengebundenen Füssen, legen liessen.

Finau holte uns zum Empfang dieses Gegengeschenks von den Schiffen ab. Wir fanden bei unserer Ankunft das Volk in drei Haufen abgetheilet; ein jeder Haufen schlosse einen großen Ring, einige von dem Volk waren um den Kopf und um den Leib mit Blumenkränzen behänget, tanzten und sprungen, und zu Zeiten sunge jeder Haufen wechselweis, zu Zeiten auch alle drei zugleich zu singen an. Dieser Gesang lautete als wie das zuvor schon beschriebene Kriegslied ganz harmonisch, die eigentliche Ausdrücke davon kann ich aber nicht mehr bestimmen.

Wir trafen auf dieser Insel noch einen andern Befehlshaber an, der ein großer magerer Mann und ebenfalls von mittelmäßigem Alter ist. Dieser ware nicht minder höflich und freundlich gegen uns, als die andere beide; dessen wilder Name ist mir aber wieder entfallen, und weil das Volk bei ebenerwehntem Schauspiele in drei Haufen abgetheilet gewesen,

so

so vermuthe ich, daß ein ieber Befehlshaber seinen besondern Haufen gehabt.

Fetefi und Finau waren sehr wißbegierig auf unsere Religion, Sitten und Regierungsform. Herr Cook suchte selbige, so viel ihm die Sprachkenntnis erlaubte, hierin zu befriedigen, und als er sich die Zeigung ihres gottesdienstlichen Gebrauchs dagegen ausbat, so gab Fetefi ihm zu verstehen, daß er nach Verlauf von drei Tagen zu ihm auf die andere Seite der Insel, wo er seine eigentliche und beständige Wohnung habe, kommen möchte; dieses geschahe, und bei der Ankunft auf der angezeigten Stelle sahen wir, daß die Heiden ein großes götzendienstliches Fest angestellet hatten, und daß Fetefi der Hohepriester seye.

Das Heiligthum war ein viereckigter Tempel, der ganz von Holz aufgebauet, die Riegelwände mit Blätter und Gras ausgefüllet, ohngefehr 20 Schuh hoch, 40 lang und 30 breit ware, seine Balken waren mit Bänder von vielfarbigtem Gras in einem architektonischen Geschmack in tausenderlei Formen gezieret, und das ganze Dach mit Kokosblätter gedecket.

Diese innere und äussere Beschaffenheit des Tempels hatte ich noch vor Anfang des Götzendienstes beobachtet, kann aber jedoch nicht angeben, worin eigentlich ihre Abgötterei bestehe, indem bei würklichem Anfang des Götzendienstes wir alle uns davon entfernen

nen mußten, und nur von weitem Zuschauer abgeben durften.

Herr Cook und O-mai durften nur allein mit Fetefi den Tempel alsdann betretten, und auſſer dieſen durfte auch von den Heiden niemand damals mehr hineingehen. Finau und alle übrige Oberſten der Inſel giengen, nachdem ſie ſich auf einem etwas entlegenen Platze verſammelt hatten, in einem ſchönen und regelmäſigen Zuge gegen den Tempel; Paar und Paar trugen ſie das Opfer an einer Stange, das in Schweinen, Früchten und Fiſchen beſtund, legten es vor ſelbigem, ohne einen Tritt hineinzuthun, nieder, fielen eine Zeitlang auf ihr Angeſicht, beteten auf ihre Art und Sprache, und giengen mit Zurücklaſſung des Opfers auf den vorigen Sammelplatz und in voriger Ordnung zurück.

Das Opfer blieb, ſo lange wir in der Gegend waren, liegen, und als Herr Cook nebſt O-mai aus dem Tempel zu uns zurückkamen, ſo äuſſerte ſich erſterer, daß alles, was er in demſelben geſehen, ſehenswürdig ſeye, ohne jedoch zu veroffenbaren, worinn es beſtanden; nur dieſes erzählte er noch, daß Fetefi von ihnen beiden verlanget, daß ſie vor dem Eintritt in den Tempel ſich gleich ihm ganz entkleiden, und nur ihre Schaam bedecken ſollten. O-mai ſeye dieſen Accord als ein Heide ſogleich eingegangen, er, Herr Cook aber habe ſich deſſen geweigert; Fetefi habe endlich

C   ſich

sich mit ihm dahin vereinigt, daß er nur seinen Hut zurücklassen, seinen Haarzopf aufmachen und das Haar fliegen lassen sollte.

Während unserem Aufenthalte auf dieser Insel Amsterdam versahen wir uns mit einem guten Vorrathe Brennholz, und konnten auch auf einer der kleinern Inseln, wo wir gelandet waren, sehr bequem frisches Wasser bekommen, und giengen alsdann den 12ten Julii wieder unter Segel.

Im Rückwege konnten wir, weil die Schiffe mit Lebensmitteln stärker beladen waren, und tiefer liefen, den vorhin genommenen gefährlichen Weg nicht nehmen. Herr Cook hatte aber indessen schon zwischen der Haupt- und zwischen den kleinen Inseln gegen Südwesten einen sicheren Durchweg, der oben an der Mündung, von dem Hafen aus, bei 40 Schuhe breit, und 7 Faden Wasser tief war, sich aber bald sehr ansehnlich erweiterte, sohin einem jeden andern Schiffahrer gute Dienste leisten kann, durch die ausgeschickte Schiffer entdecket, und mittelst dessen langten wir den 15. Julii auf der Insel Mittelburg glücklich an.

Auf dieser Insel hielten wir uns nur 3 Tage, nemlich bis den 17ten, auf. Wir fanden die Einwohner, wie jene auf den übrigen freundschaftlichen Eylanden. Das Land ist nicht, wie auf diesen, eben; aber dem ohngeachtet fruchtbar.

Den

Den letzten Tag unsers Aufenthalts Tba gieng des Herrn Capitain Cooks Bedienter mit einigen Frauenzimmern, in die er sich verliebet, ein Stück Weges in das Land hinein; wurde aber von dazu gekommenen Mannspersonen ganz entkleidet, und mußte ganz nacket an das Schiff zurückkehren; der Vorgang wurde von Herrn Coock nicht viel geachtet, sondern im Gegentheil sein Bedienter von ihm über seine Unbehutsamkeit ausgeschändet, und er von uns allen auch noch verspottet.

Auf diesen gesamten freundschaftlichen Eylanden nahmen wir bei sämtlichen Einwohnern männlich und weiblichen Geschlechts wahr, daß ihnen schon in dem 7ten bis 8ten Jahre der kleine Finger an der rechten Hand gänzlich abgeschnitten wurde, und weil ich keine Ursache davon erforschen konnte, so sahe ich es für ein Religionsgesetz bei ihnen an. Dann unterscheidet sich auch auf diesen Eylanden daß Kriegsvolck von dem übrigen dadurch, das es auf der rechten Seite des Kopfs das Haar natürlich, auf der linken aber gelb gefärbt trägt; selbst Finau und der von mir oben schon angegebene andere Befehlshaber von der Insel Amsterdam trugen ihre Haare auf die nemliche Art.

Ich vermuthe, daß auf der Insel Mittelburg auch ein besonderer Befehlshaber seye, ohnerachtet ich wegen dem kurzen Aufenthalte ihn nicht entdecken konnte, und daß Fetefi der oberste Befehlshaber und Hohe priester von diesen gesammten Inseln seye; die übrigen Befehlshaber aber an der Regierung auch Theil, und besonders die Oberherrschaft über das Kriegsvolk haben, in welchem Betrachte auch sich das Präsent von 2 Pferden vor Finau am besten geschickt hatte.

Ausserordentlich ist es, daß diese Heiden den Ehebruch mit dem Tod strafen. Wir sahen ein Beyspiel hievon in Tongatabu oder Amsterdam; wo ein solcher Ehebrecher von den Obersten, nemlich den Ehris mit den hölzernen Kriegskeulen todgeschlagen wurde.

Auf der ganzen Reise fanden wir nicht einen Mann, der Finau an natürlichen Gaben des Verstandes, Entschlossenheit, Gröse der Seele und gutem Karakter an die Seite gesetzt werden könne. Er bewiese dieses bei allen Gelegenheiten, und zeigte besonders seine Geschicklichkeit im Kriegswesen und in allen Uebungen des Körpers. Einst stürzte er sich aus unserem Schiffe, das in vollem Seegel war, in die See, und nach verschiedenen Umwelzungen schwunge er sich zu unserer grösten Verwunderung auf seinen Kahn.

Bei unserer Abfahrt von Mittelburg traten wir, da sich inzwischen der uns günstige westliche Passatwind eingestellet hatte, unsere Reise nach den Gesellschafts-Inseln an. Unterwegs den 29 Julii zerplatzte auf der Diskovery in einem ausserordentlichen

chen Sturm Abends zwischen 7 und 8 Uhr unser Mähntopmast, und zerrissen meistens die Segel, der Mähntopmast selbsten bekame einen Sprung, und wurden wir daher in die äusserste Noth versezet; aber wir halfen uns doch gleich wieder, so gut wir konnten, besonders umwunden wir den Mähnmast oben mit Stricken, steckten einen kleinen Mast oben darauf, und setzten einen kleinen Seegel ein, damit wir unsere Reise fortsezen konnten. Wir erreichten den 12ten Aug. die Halbinsel O-tahiti Beehr, und warfen in dem Hafen Aitepiha vor selber Anker.

Die Einwohner empfiengen O-mai, den sie alle noch kannten, sehr freudig, und hörten desselben Erzählung, wie es ihm in England gegangen sey, und was er für Geschencke erhalten, voll Verwunderung an; den Capitain Cook empfienge Jung und Alt mit vielen Freudenbezeugungen; sie riefen ihm entgegen: Ehri no te tuti Mai tai, welches heißt: der oberste liebe Cook ist gut.

Am Lande fanden wir ein von den Spaniern 2 Jahre zuvor, als sie nemlich die tahitische Inseln zum erstenmal besuchet hatten, von eichenem Holze erbautes Haus; dann ein hölzernes Kreuz, worauf des Königs von Spanien, und des unter diesem begraben gelegenen spanischen Capitains Namen ausgestochen waren. In dem Hause selbst fanden wir in einem Faße spanische Schriften, und ein spanisches

C 3   Kleid

Kleid. Herr Cook ließ das Kreuz ausreiſſen, und zum Beweis, daß England dieſe Inſel durch Capitain Wallis eher als Spanien entdeckt habe, auf der anderen Seite, des Königs von England Namen, ſamt der Jahrzahl der Entdeckung, nemlich 1767 einhauen, und alsdann ſelbes wieder auf ſeine vorige Stelle einſetzen.

Den 16ten Auguſt langten wir auf der andern Halbinſel O-tahiti an, ankerten in der Matavai Baye und ſchlugen unſere Zelten auf Venus point, wo Herr Cook, Green und Solander den Durchgang der Venus 1769 beobachteten, auf.

Der König dieſer Halbinſel Namens O-tou empfieng den Herrn Capitain Cook ſehr freundlich, erſtaunte ebenfalls über die Ankunft des O-mai, und über deſſen aus England mitgebrachte Reichthümer.

O-mai machte dem Könige verſchiedene Geſchenke von Eiſenwaaren, und empfieng von dieſem ein Gegengeſchenk von 16 Mann und einem doppelten Kahn. O-mai, der nun ſeinen eigenen Kahn, der nach ihrer Art gut gemacht war, und ſeine eigene Ruderknechte hatte, auch nun von einer Inſel zu der andern bequem kommen konnte, bildete ſich hierauf nicht wenig ein.

Herr Cook machte O-tou unter andern vielen Geſchenken auch eines von einem ſeidenen Schlafrock und

und ein paar Pantoffeln; beide Stücke sind nicht beschwerlich anzuziehen, und eben deswegen für einen Tahiten, der nicht viel von Kleidung weiß, am schicklichsten.

Herr Cook zog ihm beides an. Nach darüber gehabter ausserordentlicher Freude entfernte sich O-tou unversehens von uns; und als er geglaubet, unseren Augen entgangen zu seyn, zog er es wieder aus, nahm den Schlafrock unter den Arm, die Pantoffeln in die Hand, lief eilends davon und zeigte es seiner Familie. Um alle Stücke, die dem König O-tou geschenket worden, gehörig und sicher aufzubewahren, ließ ihm Herr Cook nachher eine eichene Kiste mit einem Schloße verfertigen.

O-titi ein junger Chris, der mit Herrn Cook auf der vorigen Reise in dem großen Südmeere gewesen, und dessen Schwester, ein sehr schönes junges Frauenzimmer, bekamen auch viele und ansehnliche Geschenke. Diese bekam unter andern einen seidenen Schlender, und jener einen seidenen Schlafrock. O-titi wuste sich aber weit besser als der König darein zu schicken; er sprach ohnerachtet er nur eine kurze Zeit die Reise mitgemacht gehabt, so gut gebrochen Englisch als O-mai, der doch 2 Jahr lang in England war; und würde an ihm es besser angelegt seyn, wenn er auf eine Zeitlang nach Europa käme, indem dieser junge O-titi nebst seiner schönen Leibesgestalt sehr viele natürliche Vernunftgaben besitzet.

Inzwischen als wir den auf der Discovery, wie schon gemeldet, auf der Reise beschädigten Mahnmast auf dem Lande wieder herstellten, brachten uns verschiedene auf dem Fischfang in der See gewesene Einwohner die Nachricht, daß sie zwei große spanische Schiffe gesehen. Die Art wie sie es vorbrachten, kam uns wahrscheinlich vor; und wir hielten die beiden Schiffe für Kriegsfregatten. Wir machten uns, weil die Spanier die Engländer in dem Südmeere nicht dulden wollen, und wir daher einen Angriff befürchteten, auf allen Fall zum Gefechte fertig, und legten wegen damals noch nicht in fertigem Stand gewesenen Mast die Discovery auf Springseiler, um dadurch selbige wegen Abgang der Segel nach Erfordernis drehen und wenden zu können; bekamen aber kein Schiff zu Gesichte, und können daher auch nicht sagen, ob das Angeben gegründet war.

Den 18 August machten wir dem König O-tou zu Ehren ein Feuerwerk, und den 20ten stellten uns die Einwohner einen Krieg zu Wasser vor. König O-tou kommandirte die eine, und O-mai die andere Partie. Lezterer zog seinen aus England mitgebrachten eisernen Harnisch an, nahme auch seinen großen Säbel in die Hand. Den Anfang des Gefechtes machten die beiden Kahns, auf welchen sich die zween Befehlsfehlshaber befanden, und demnächst giengen die übrigen Kahns auch gegeneinander. Das Gefecht bestunde darin, daß die Einwohner mit ihren hölzernen Spießen zeigten, wie sie solche gegeneinander werfen; warfen auch würklich einige gegeneinander, doch aber nur in das Wasser. Im Krieg werfen sie auch Steine gegeneinander. Sie machten allerlei fürchterliche, an sich aber lächerliche Geberden gegeneinander, und kam dahero die ganze Vorstellung eher einem Schauspiele, als einem Kriege gleich.

O-mai ließ die Gegenparthie mit ihren hölzernen Spießen würklich auf ihn werfen; weil aber wegen dem Harnisch es ihm nichts schaden konnte, so erregte dieses viele Verwunderung unter dem Volk.

Herr Cook befand sich in des Königs O-tou Kahn; dieser wurde in dem Gefechte umgeworfen, und waren die Insulaner gleich bedacht, den Herrn Cook aus dem Wasser an das Land zu bringen.

O-mai zeigte sich nach diesem Schauspiel in seinem Harnische dem Volke auch noch zu Pferde; und dieses machte ihre Verwunderung abermals rege.

Die Spanier hatten bei ihrem ersteren Besuche einen Stier und eine Kuh auf dieser Insel zurückgelassen; leztere ist aber bald darnach gestorben, daher denn Herr Capitain Cook wieder eine zur Fortpflanzung zurückließ.

Den 30 August kamen wir auf der vorhin weder von Herrn Cook noch Herrn Wallis, noch unseres Wissens von sonst jemand besuchten tahitischen Insel Morea, in einem schönen und sehr bequemen Hafen vor Anker zu liegen.

Auf dieser Insel fanden wir einen Ueberfluß an Feuerholz, das wir auf allen übrigen tahitischen Inseln in solcher Menge nicht angetroffen, und sammelten uns einen guten Vorrath. Weil wir auch auf dem Lande schönes großes Gras wahrnahmen, so setzten wir all unser Vieh an selbigem zur Weide ab; die Einwohner stahlen uns aber gleich eine Ziege.

Herr Capitain Cook gieng an das Land, fragte nach dem König; die Einwohner entschuldigten sich mit der Unwissenheit; und als er nach der entkommenen Ziege fragte, so gaben sie die nemliche Antwort, spotteten dabei den Capitain noch aus, und liefen in aller Eile in das Gesträuche hinein.

Herr Cook wurde nach seinem bekannten Charakter hierüber sehr aufgebracht, ließ zwei Tage lang durch die Soldaten auf dem Lande alle vorgekommene Hütten verbrennen, und durch die Matrosen an der Küste die nemliche Verwüstung ausüben, auch dabei noch alle wahrgenommene Kahns d: Einwohner gänzlich zerhauen, und zerstreuen. Den Schaden, der den Einwohnern dadurch verursacht worden, können sie in einem Jahrhundert schwerlich mehr ersetzen.

Die

Die Leute hatten nach ihrer Art die prächtigste, zum Theil auch sehr große, und mit vieler Mühe gearbeitete Kahns. Ich muß daher des Herrn Cooks Verfahren einigermaßen selbst mißbilligen. Als etwas besonders sahen wir an, daß O-mai selbst, und drei von seinen mit sich genommenen Ruderknechten bei dieser Verwüstung das mehreste gethan, und sich weit ärger dabei, als wir Europäer, betragen haben.

Wie wir den zweiten Tag von dieser Verwüstung wieder an die Schiffe gekommen, so wurde die Ziege zu dem andern noch auf der Weide gewesenen Viehe bald darnach von den Einwohnern wieder zurückgebracht.

Den 12 October landeten wir vor der tahitischen Insel Huaheine, so des O-mai Vaterland ist. Er erblickte das Land zuerst; zum Zeichen dessen steckte er auf seinem vorausgegangenen eigenen Kahn die ihm von Herrn Cook geschenkte englische Flagge auf, und schoß eine Flinte los, so wir ihm von den Schiffen beantworteten.

Die Einwohner der Insel hatten sich bei unserer Landung, weil sie von ihres Landsmanns Ankunft schon von den andern Inseln Nachricht bekommen hatten, versammelt, und empfiengen ihn sehr freundlich und freudig. Der König schenkte gleich O-mai die ganze Gegend um den Hafen, wo wir geankert, so ohngefehr eine deutsche Stunde groß, und durchgehends

gehends mit fruchtbaren Bäumen bewachsen ist, welches O-mai mit anderen Gegengeschenken als Sägen, Beilen und dergleichen dem Könige erwiederte.

Herr Cook ließ O-mai ein Haus von Holz, wozu wir vieles von den zu Morea verwüsteten Kahns benuzten, dann auch einen Garten anlegen, und diesen mit europäischen Gewächsen besaamen.

Während unserem Aufenthalte, machten Herr Cook, Herr Lieutenant King und Herr Astronomus Bailey an dem Himmelsfirmamente verschiedene Observationen; hiebei wurde dem Herrn King sein Quadrant, den er in das Gras eben von sich gelegt gehabt, entwendet. Einige von den Vornehmsten des Landes (Ehris) waren damals zugegen, und daher vermuthete man, daß einer von diesen der Dieb seye. O-mai machte sich mit einigen seiner Mannschaft auf; die Vermuthung traf ein, und der Dieb wurde nebst dem Quadranten von O-mai glücklich erwischet. Herr Cook ließ den Ehri auf dem Schiffe bewachen, und den andern Tag auf dem Verdecke auf den Rükken so lang geißeln, bis die Fetzen der Haut wegflogen. Er murrte beständig aus Bosheit, bate nicht um Nachlaß, und schrie nicht einmal. Herr Cook befahl endlich, daß man ihn losbinden, und so lang zu geißeln fortfahren sollte, bis er über Bord springe. Dieses that er zwar, murrte aber immer dabei; und in selbiger Nacht riß er in des O-mai Garten die

ange-

angelegten Weinstöcke, die wir vom Kap. der guten Hoffnung mitgenommen, heraus, und zerstreute noch verschiedenes in dem ihm angelegten Garten. O-mai suchte selben mit seinen Leuten gleich wieder auf, brachte ihn an das Schiff, und Cook ließ ihm, weil er sahe, daß die Schläge nichts halfen, beide Ohren durch einen Matrosen abschneiden, und über Bord jagen. Er schwamm wie vorhin an das Land; war aber diesmal, wie leicht zu erachten, ganz geduldig. Uebrigens wurden die ausgerissenen Weinstöcke wieder gesetzet.

Herr Cook hinterließ O-mai einen Hengst und ein Stuttenpferd, vier Schaafe, ein Paar Enten und ein Paar Pfauen, wie auch die zwei aus Neuseeland mitgenommene Jungen zur Bedienung; dann überließ er ihm auch noch in einem unter dem Hause gemachten Magazin einen guten Vorrath von Schießpulver und Bley, und belehrte ihn, wie er das Pulver erhalten, und vor dem Feuer bewahren sollte.

O-mai war mit dem ihm erbauten Hause nicht wohl zufrieden, und sagte, daß Ihro Majestät der König von England ihm ein Haus versprochen, wo er in das obere Zimmer gehen könnte; das vor ihn erbauete aber nur einstöckigt seye, und in England man in dergleichen Schweine hinein thäte. Herr Cook lachte und erwiederte, daß er es nicht besser verdienet hätte.

Als wir den 2 November abgiengen, weinte O-mai zum Abschied bitterlich, und äusserte sich, daß er bei dem ersten eintreffenden englischen Schiffe wieder nach England abgienge.

Den 3ten warfen wir Anker vor der Insel Ulietea; der König Namens O-Rea ein alter guter Freund von Cook kam sogleich zu uns an die Schiffe, brachte uns in seinem Kahne Früchte und Schweine zum Geschenke. Wir salzten auf dieser, wie auch auf den schon vorgemeldten übrigen tahitischen Inseln ziemlich Schweinenfleisch ein, und versahen uns auch mit frischem Wasser und allerlei Früchten zum Lebensvorrath. Als wir eben im Begriff waren, von dieser Insel abzugehen, so liefen zwei von unseren Leuten nemlich der Mitschippmann Herr Moith und der Kanoniers-Gehülfe Thomas Schaw von uns weg. Beide verliebten sich in das Frauenzimmer, und dachten auf einer oder der andern Insel Könige zu werden. Herr Cook lud den König O-Rea, dessen Sohn und Tochter Popa-bua samt ihrem Gemahl freundlich zu sich auf das Schiff ein; sie folgten alle willig. Er hielte die drei lezten als Geisseln im Arrest, und bedeutete dem frei gebliebenen Könige, daß selbige ihre Freiheit nicht eher wieder bekämen, bis er unsere mangelnde zwei Mann wieder herbeischaffe. Dieser gab zur Aufsuchung gleich Befehl, und so schwer es war, ihren Aufenthalt auszukundschaften, weil sie die Sache sehr heimlich gehalten, und

und nur einer der Eingebohrnen davon Wissenschaft hatte, so wurden sie doch von den auf Kahns ausgeschickten Leuten auf einer unbewohnten Insel entdecket, nächtlicherweile im Schlaf überfallen, und an Händen und Füßen gebun' ... den fünften Tag wieder an Bord zu uns gebracht. Der Ort ihres Aufenthalts war wenigstens 8 deutsche Meilen von den Schiffen entfernet; und wenn Herr Cook nicht dergleichen Maasregeln ergriffen hätte, so würden wir nimmermehr diese 2 Mann wieder bekommen haben.

Die allgemeine Trauer, so in der Zeit, als die königliche Familie auf dem Schiffe in Arrest war, über die ganze Insel herrschte, ist nicht zu beschreiben, und besonders war jene des Frauenzimmers sehr rührend, denn diese kamen täglich in großer Anzahl an das Schiff geschwommen, schrien und weinten sehr bitterlich, und rissen sich sogar mit Scharfszähnen die Haut am Leibe auf, so daß öfters die See um das Schiff vom Blut sich ganz befärbte. Eben so groß war aber auch die Freude des Volks, als derselben Freigebung erfolgte.

Die königliche Familie war die 2 ersten Tage ihres Arrestes fast ganz untröstbar. Da man ihnen aber alle Versicherungen gegeben hatte, daß sie keineswegs, wie sie vermutheten, bei uns verbleiben, und mitgehen müßten, sondern bei Auslieferung der zween entlaufenen gleich wieder ihre Freiheit geniessen sollten; man auch gesuchet, ihnen allerlei angenehme Unterhaltung zu verschaffen; so wiche aller Gram und Schmerz von ihnen. Sie liessen sich die von dem Volke ihnen freiwillig und in großem Ueberfluß zugebrachte Lebensmittel wohl schmecken, und der Tochtermann des Königs bat mich sogar in einer Nacht, wo ich die Wache bey ihm und seiner Gattin hatte, um Erlaubnis, die Pflichten der Ehe erfüllen zu dürfen. Ich gestunde sie ihm zu, und er brachte es auch in meinem Angesicht in Erfüllung. Als Herr Cook bei ihrer Losgebung ihm verschiedene ansehnliche Geschenke machte, so vergaßen sie das, was ihnen begegnet war, gar bald ganz.

Der Mitschippmann wurde eine Zeitlang seiner Oberofficiersstelle entsetzet, und mußte gemeine Dienste thun; der Kanoniersgehülfe aber bekam 2 Dutzend Schläge mit einer Geissel zur Strafe auf den blosen Rücken.

Den 7 December giengen wir unter Segel, und des andern Tages langten wir auf der Insel Bolebola an. Wir giengen nur mit 3 Boots an das Land, und Herr Cook tauschte von den Einwohnern einen Strom-Anker 6 Centner schwer, den die Spanier vorhin allda verloren, jene aber aus 8 bis 9 Faden Wasser aus der See zum größten Erstaunen herausgearbeitet, gegen 6 Beller ein. Die Einwohner sind mehr am Leib tatouniret, als die übrige Tahiten, sind auch alle sehr streitbare Männer und werden von den übrigen Inseln deswegen sehr gefürchtet.

Die

Dieses war die letzte tahitische Insel, so wir besuchet haben; wir giengen auch nemlichen Tag wieder von da ab, und nahmen unseren Lauf gegen Norden, um unsere Hauptabsicht wegen einer allenfallsigen Entdeckung einer Durchfahrt zwischen Amerika und Asia zu erreichen.

Den 24ten December entdeckten wir unter der Linie ohngefehr im Grad 1 1/2 nördlicher Breite, und beiläufig in dem Grad 210 östlicher Länge eine unbewohnte mittelmäßige Insel. Zu Bestimmung der Länge dieser Insul, und der beiden folgenden, bediente ich mich (weil sie mir nicht mehr wohl erinnerlich) der von uns von Ottahiti aus, so bekanntlich unter dem 17 Grad 29 Minuten südlicher Breite, dann 208 Grad der Länge von der Greenwicher Mittagslinie gerechnet lieget, gegen die östlichte Küste von Amerika unter dem Grad 44, genommenen Straße. Wir giengen mit 3 Boots an das Land, und suchten Wasser; die Insel ist ganz niedrig, auf selber ein ganz weißer sandigter Boden, mit gar keinen Bäumen, sondern nur mit Büschen bewachsen; hat aber einen Ueberfluß von allerley schönen und großen Vögeln, die ganz zahm sind, dann an Schildkrotten und Fischen.

Die 3 Boots zertheilten sich, fanden aber kein frisch Wasser; mit jenem Boote, worinnen sich 2 Officiers und mit mir noch 7 Gemeine befanden, kamen wir in eine in das Land gehende Oefnung hinein. Wir verfolgten

folgten sie bis 12 englische Meilen; stiegen an das Land und bei eingetrettener Nacht, wo die Schildkrotten gemeiniglich auf das Land kommen, fiengen wir eine starke Anzahl. Die meisten von diesen Schildkrotten waren bis 2 Centner schwer; wir trugen sie zusammen, legten sie auf den Rucken, damit sie uns nicht mehr entwischen konnten, giengen mit einer Ladung davon den andern Tag frühe an das Schiff zurück, und machten über unsern glücklichen Fang die Anzeige. Wir wurden mit Lebensmitteln und frischem Wasser versehen; bekamen Befehl, uns wieder dahin zurückzubegeben, und noch mehrere in der folgenden Nacht zu fangen.

Die übrige Boots waren bey unserer Ankunft schon alle auf die Fischerey ausgeschicket, und wir bekamen Befehl, daß wenn uns einige davon aufstießen, wir sie mitnehmen, und diese die bereits gefangene und auf der Insel zurückgelassene übrige Schildkrotten an Bord der Schiffe bringen sollten. Zwey von diesen Boots begegneten uns unterwegs; hatten aber ihre bei sich gehabte Lebensmittel schon aufgezehret. Wir nahmen sie nach dem Befehl mit uns; theilten ihnen von unsern Lebensmitteln mit, und wurden dadurch davon und hauptsächlich von dem frischen Wasser ganz entblöset. Wir waren daher entschlossen, und so zu sagen in die Nothwendigkeit versetzet, gleich wieder mit den 2 Boots, ohne zum weiteren Fang die Nacht abzuwarten, an das Schiff zurückzukehren. Diese 2 Boots

Boots giengen mit der eingenommenen Ladung von Schildkrotten voraus; und wir wollten ihnen mit unserer damals noch nicht völlig an Bord gehabter Ladung auch gleich folgen. Zwey Mann von uns Namens Bartholomäus Lohmann aus Kassel, und ein Engländer Namens Stritscher, die die letzte Schildkrotte (die wir alle bei einer Stundwegs weit über das Land schleppen müßten) an das Bord bringen sollten, verfehlten den Weg, und giengen statt zu uns zu kommen, immer tiefer in das Land hinein. Wir erwarteten sie lange Zeit, bei der ausserordentlichen Hitze des dortigen Klima, wo man es fast keine Viertelstunde ohne frischen Trunk außstehen kann, vergeblich; und ohne sie wollten wir doch nicht zurückgehen. Wegen ausserordentlichem Durst gruben wir in die Erde; fanden auch in einer Tiefe von ohngefehr 5 bis 6 Schuhen Wasser; dieses war aber gesalzener als das Seewasser, daher auch nicht zu geniessen. Wir fiengen endlich Vögel; schnitten ihnen die Hälse ab, und saugten das warme Blut aus; dieses half aber nur auf eine ganz kurze Zeit, und nachher wurde das Uebel ärger. Einige von uns tranken Seewasser; diesen ergieng es noch schlimmer; dann sie fielen krank darnieder. Die dunkle Nacht kam an, wir machten an verschiedenen Plätzen Feuer; schossen mit Gewehr; aber unsere beide verlorne Kameraden liessen nichts von sich hören, noch merken. Vor Durst und Mattigkeit konnten wir fast

nicht

nicht vom Ufer hinweggehen; und legten uns daher in den Sand nieder. In der Nacht, als es etwas kühl wurde, machten sich unsere 2 Officiers auf, und wollten sehen, ob sie keines derer ausgeschickten übrigen Boots auf der Insel finden, und von diesen vielleicht Wasser bekommen könnten. Wir die übrigen fünf Mann blieben aber still liegen. Bei dem Anbruch des Tages berathschlageten wir uns, was wir thun sollten; wir entschlossen uns, lieber an das Schiff zu gehen, als hier zu verschmachten, und machten uns, so schwach wir waren, in das Boot. Da wir ohngefehr den halben Weg zurückgelegt hatten, sahen wir von weitem 2 Menschen, die ihre Sacktücher an einen Stock gebunden hatten, und solche statt eines Fahnens herumschwungen; wir fuhren auf sie zu, und erkannten in der Nähe, daß es unsere beide Officiers seyen. Diese konnten vor Durst und Mattigkeit kaum mehr sprechen; wir nahmen sie auf, und setzten unsern Weg nach den Schiffen fort.

Endlich erblickten wir ein Boot am Lande; und als wir uns selbigem näherten, so trafen wir von unseren Leuten an, die noch nicht lange vom Schiff abgegangen waren. Sie reichten uns Brod und Brandwein mit Wasser vermischet, und wir wurden dadurch hergestellet. Am Schiffe meldeten wir Herrn Cook den Verlust unserer 2 Mann; es wurden gleich sämtliche Boots der zween Schiffe mit Mannschaft und Lebensbensmitteln abgeschicket, um die Insel zu durchsuchen. Selbigen Tag gegen Abend wurde der eine noch gefunden; konnte aber keine Nachricht von dem andern geben; des andern Tages wurde endlich auch der zweyte wieder gefunden. Der erste hat nach seiner Erzählung sein Leben damit erhalten, daß er Schildkrotten aufgeschnitten, und das Blut ausgesauget, auch einige Vögeleyer gefunden, und sie ausgetrunken. Der letzte aber hat seinen Urin getrunken; war aber auch als man ihn fand, mehr todt als lebendig.

Die Insel nannten wir die sandigte, verliessen sie den 2ten Jan. 1778 und hatten uns einen solchen Vorrath von lebendigen Schildkrotten da gesammlet, daß wir mit jener Zeit, wo wir uns dort aufhielten, 4 bis 5 Wochen lang gar nichts anderes aßen, auch selbe inzwischen durch tägliches Auswaschen der Augen am Leben erhielten.

Gleich nach der Verlassung dieser sandigten Insel mußten wir, weil unser Vorrath an frischem Wasser sehr klemm war, das Seewasser läutern. Auf unserm, als dem kleineren Schiffe, wurden täglich 24 Maas distilliret, und dem Manne des Tags, des hitzigen Klima ohngeachtet, nur 1/2 Maas Wasser gereichet.

Zum Glück entdeckten wir den 20ten Jan. ohngefehr im Grad 22 nördlicher Breite und ohngefehr 225 östlicher Länge eine Insel, so hohes Land hat; und dieses machte uns gleich Muth, daß wir hier frisches

Waſſer bekommen würden. Viele Einwohner kamen in ihren Kahns gegen uns gefahren. Es waren die ſchönſten Leute, die wir unter allen wilden Nationen geſehen; wir ſuchten ſie mit freundſchaftlichen Zeichen, und Vorzeigung verſchiedener Geſchenke an das Schiff zu locken. Anfänglich weigerten ſie ſich deſſen, und aus ihrer über die Schiffe bezeigten großen Verwunderung konnten wir abnehmen, daß dieſe Leute noch nie zuvor Schiffe geſehen hatten. Einer von ihnen wagte es endlich dicht zu uns an die Schiffe zu kommen; und als dieſer mit einem rothen Stück Tuch beſchenket wurde, ſo folgten verſchiedene von ſeinen Landsleuten ihm nach. Dieſe nahmen auch gleich Geſchenke an; und als wir ihnen von den auf dem Schiffe gehabten lebendigen Schweinen, die wir von Tahiti mitgebracht, vorgezeigt hatten, ſo riefen ſie gleich aus; booa! He re aus und aus ihren übrigen Reden konnten wir gleich abnehmen, daß hier eine den Tahiten nicht viel ungleiche Sprache üblich ſeye. Sie wieſen auch gleich auf das Land, und deuteten uns an, daß ſie auch dergleichen Schweine hätten. Sie verſtunden uns gleich, daß, wenn ſie uns Schweine zubrächten, uns ſolche ſehr willkommen ſeyen. Einige von ihnen begaben ſich gleich an das Land, und brachten uns einige Schweine zum Geſchenke ohne die geringſte Vergeltung dafür zu fordern. Inzwiſchen wurden ſie noch vertrauter mit uns; und kamen auch zu uns auf die Schif-

Schiffe, wo wir dann erführen, daß die Insel sich mit ihrem Namen Nihau nenne, und man auch in der Nähe frisches Wasser haben könne.

Inzwischen als Herr Cook ... ei Boots zu Aufsuchung frischen Wassers ausheben ließ, entwendete einer der Wilden an dem Bord der Resolution aus der Küche das Küchenmesser, sprang damit über Bord, und eilte mit seinem Kahn dem Lande zu. Wir verfolgten ihn mit den eben ausgehoben gewesenen Boots; konnten ihn aber, weil er sich in die fürchterlichste Brandungen gewaget, nicht einholen. Wir schossen einigemal nach ihm; trafen ihn aber wie wohlen zum Glück nicht. Und da die übrigen am Lande gleich bemühet waren, ihren Landsmann nebst dem Diebstahl in Sicherheit zu bringen; so konnten wir ihm die Beute nicht mehr abjagen.

Herr Lieutenant Williamson ein Irrländer muste auf Befehl des Herrn Cooks den Auftrag wegen Aufsuchung frischen Wassers mit den drei Boots ausführen; wir fanden einen bequemen Platz zu landen. In einer kleinen Entfernung von dem Lande sprangen von der allda versammelt gewesenen großen Anzahl Menschen bis 50 in die See; hoben das Boot des Lieutenants samt übrigen Mannschaft schwebend in die Höhe, und wollten es auf dem Rücken an das Land tragen. Die Mannschaft in dem Boot konnte nicht gleich fassen, ob dieses Unternehmen Freund- oder Feind-

Feindschaft bedeute; und schlugen die Insulaner mit den Rudern tüchtig auf die Finger, und da sie von dieser zweifelhaften Höflichkeit dadurch nicht abstunden, auch einer dem Herrn Lieutenant Williamson seine Flinte aus der Hand reissen wollte, so schosse dieser ihn auf der Stelle nieder. Die übrige liessen gleich das Boot in das Wasser fallen, packten den erschossenen auf, und trugen ihn mit großem Geschrei in den Wald.

Wir giengen mit den drei Boots wieder zurück, und zeigten Herrn Cook den Vorfall an; dieser verwiese dem Lieutenant sein Verfahren derb, und gienge des anderen Tages selbst mit den nemlichen drei Boots und an dem nemlichen Platz an das Land.

Es war wieder eine große und weit stärkere Anzahl Menschen als Tags vorher versammelt. Herr Cook gab Befehl, daß Niemand aus denen Boots sich begeben sollte; gab seine Flinte einem Matrosen, und stieg ganz allein und nur mit einem Hirschfänger bewaffnet, aus. Wie er den ersten Tritt ans Land that, fielen alle Anwesende nieder auf ihr Angesicht. Cook sahe sich um, und lachte herzlich darüber; hobe einige der Aeltesten und Vornehmsten, die sich durch ihre Kleider unterschieden, auf, umarmte sie, und gab ihnen Geschenke. Die andern blieben liegen, vier davon giengen fort und brachten ihren König. Ein jeder

der hielt eine handvoll Zuckerrohr als einen Sonnenschirm über ihn.

Der König gieng ganz nahe zum Herrn Cook, und neigte sich tief vor ihm. Er gab ihm ein Gehäng von Glasperlen, und hieng ihm solches um den Hals, schenkte ihm auch einen Spiegel. Herr Cook gienge ein Stückweges in das Land, um Wasser zu suchen; und alsdann stund erst das übrige Volk auf. Inzwischen brachten die Einwohner sehr viele Früchte und Schweine uns zum Geschenke zu, so daß unsere drei Boots ganz gefüllet waren. Bei der Zurückkunft des Herrn Cooks giengen wir gleich wieder zurück, und brachten unsere Schiffe nächst an jener Stelle, wo er einen kleinen fliessenden Bach entdecket, vor Anker; und machten Anstalten zum Wasserfüllen. Eine andere Parthie gieng an das Land und tauschte gegen Nägel, Spiegel, Glasperlen und Messer noch mehrere Lebensmittel ein, die vorzüglich in Schweinen, Yamswurzeln, Kokosnüssen und Plantins, wovon es hier einen sehr reichlichen Ueberfluß hat, bestunden.

Die Frauenzimmer auf dieser Insel sind nebst ihrer schönen Bildung sehr gefällig, und übertrafen in einem wie in anderem jene auf den Inseln des Südmeers; es wurde aber damals von Herrn Cook bei sehr schwerer Strafe aller Umgang mit diesen Schönen verboten, und wurde sogar das sämtliche Schiffsvolk visitiret, auch kein Mann, der nicht von sichern unreinen Krankheiten frei war, an das Land gelassen.

In der Gegend vermuthete Herr Cook gleich damals noch mehrere Inseln; weil aber die Zeit vorhanden war, unsere Reise gegen Norden und dadurch unsere Hauptabsicht zu beschleunigen, so konnten wir uns für diesmal mit Besuchung der übrigen Inseln und Erforschung sonstiger Gegenstände nicht abgeben, sondern wir verschoben dieses alles bis zu unserer Zurückkunft, giengen jedoch zuvor noch auf eine ohngefehr drei deutsche Stunden von Nihau über, etwas westlich gelegene kleine Insel, weil uns die Bewohner jener zu verstehen gegeben, daß auf dieser viele Damswurzeln zu finden seyen. Wir tauschten auch von diesen Insulanern viele dergleichen Wurzeln ein, die so groß waren, daß wir noch nirgendswo solche gefunden, indeme die meisten 15 bis 20 Pfund gewogen.

Herr Cook nennte sie daher die Damsinsel, und machte auch derselben König ein Paar Ziegen zum Geschenke.

Den 2 Februarii setzten wir ohnunterbrochen unsere Reise gegen die Küste des nordwestlichen Amerika fort, und giengen unserer Bestimmung entgegen. Den 7 Merz sahen wir in dem 44 Grad nördlicher Breite Land; wurden aber durch einen sehr heftigen Sturm davon abgetrieben, und konnten selbiges wegen dessen langer Dauer erst den 28ten wieder zu Gesicht bekom-

bekommen. Wir liefen den andern Tag ohngefehr in dem Grad 48 nördlicher Breite in einem schönen und bequemen Hafen, den Herr Cook St. George-Sund nannte, ein, befuhren diesen nordwestlichen Theil von Amerika von gesagtem 48 Grad bis in den 72 Grad längst der Küste. Die amerikanische Küsten von dem Grad 48 gegen den Pol zu, sind auf den Focantischen Karten ganz unrecht angegeben. Dieselbe laufen bald östlich bald westlich hin; und zurück, und unter dem 56 Grad gegen Osten haben wir ein beträchtliches Cap angetrofen.

Wir ankerten inzwischen an verschiedenen Plätzen, und trafen bis in den Grad 65 Einwohner auf dieser Küste an. Sie waren alle von Leibs- und Gesichtsfarbe den O-tahiten zwar ähnlich, aber nicht so groß, und sind sehr fürchterlich anzusehen, weil sie das Gesicht mit schwarz, roth und gelben in die Länge und Quer laufenden Strichen über und über bemalen.

Ihre Sprache hat mit den übrigen Insulanern gar nichts gemeines; ihre Kleider bestehen in Bieber, Zobel- und Seehundenpelz, und sie sind ganz gekleidet. Einige tragen auch Gewande von geflochtenem Bast, und auf dem Kopfe haben sie eine aus einer Baumrinde gemachte große spitzige Kappe.

Auf das Vertauschen ihrer Waaren, die hauptsächlich in vorgesagtem Pelzwerke bestehen, sind sie sehr ver-

verſeſſen; führten über den Vorzug, wer ſich von ihnen mit uns in Handel einlaſſen durfte, einigemal
mit einander Krieg, und nahm die ſtärkere Parthie
der ſchwächeren ihre Waaren ſowohl, als was ſie
auch ſchon von uns dagegen eingetauſchet, gewaltſam
hinweg.

Bei dieſem Vertauſch gebrauchten ſie die Wör-
ter: makul, tſchibocks und tſchikimli ſehr oft, und
heiſſet makul kaufen, tſchibocks gut, und durch tſchikimli deuteten ſie an, daß ſie einen großen Nagel dafür haben wollten.

Ihre Wohnungen ſind aus Holz zuſammengefügte
elende Hütten; ganz zugemacht, und oben zu Abhal-
tung des Regens mit Gras bedecket. Ihre Nahrung
beſtehet in Fiſchen und Wildpret, wovon das Land
an allerlei Gattung einen ſehr reichlichen Ueberfluß hat.
Dann nahmen wir auch getrocknetes Menſchenfleiſch
bei ihnen wahr, ſo ſie mit Appetit aſſen, und es uns
zu verſuchen geben wollten. Wir tauſchten von ihnen
ſelbſt einige getrocknete Menſchenhände ein, und nahmen ſolche mit nach England.

Ihre Waffen beſtehen in Flitzbögen, die ſtark gemacht, und mit gedürrten Wallfiſchdärmen gleich einer Saite künſtlich umwunden ſind. Die Pfeile ſind
von ſchönem Bein gemacht, vorn an der Spitze iſt ein ge-
ſchliffener ſpitziger Achat- oder Schifferſtein künſtlich und
feſt eingeſetzt, und die Pfeile gehen daher ſehr ſchnell

und

und scharf ein. Sie sind sehr geschickt in Gebrauchung ihrer Flitzbögen, und überhaupt ein sehr streitbares und herzhaftes Volk; auch, so viel wir abnehmen konnten, führen sie gegeneinander beständig Krieg, und was ermordet wird, wird auch aufgezehret.

Diejenigen, so nahe an den spanischen Besitzungen, die sich dermal bekanntlich nur bis auf den 42 Grad der Breite erstrecken, liegen, haben Pfeile, die vornen mit Eisen und Kupfer beschlagen sind; und vermuthlich müssen sie auch dieses Metall von den Spaniern bekommen. Eben so sind ihre Kahns in dieser Gegend schön und nach europäischer Art gebildet, auch zum Theil schon ziemlich groß. Wie wir aber weiter an der Küste hinauf und in den Grad 58 und 59 kamen, trafen wir schon eine ganz andere Art von Kahns an. Diese sind von Fellen ganz zusammen gesetzet, mit dünnen Hölzern auseinander gespannt, und bis auf eine kleine Oeffnung in der Mitte ganz zugemacht. In diese Oeffnung kann sich ein Mann hineinsetzen; dieser ziehet bei der Ausfahrt ein aus einer Wallfischblase ordentlich zusammengesetztes Kamisol an, und um die Oeffnung selbst ist ein Stück Wallfischblase fest gemacht. Diese bindet er um den Leib, und wenn schon einer in der See umwirft, so kann es ihm, in so lang er sein Ruder behält, gar nichts schaden; denn er kann sich allemal durch dasselbe wieder auf die andere Seite herumschwingen, und aufrecht bringen.

In

In diesen beiden obengemeldten Graden 58, und 59 unterscheidet sich auch das Volk von dem übrigen: denn hier bemerkten wir, daß die Einwohner an der unteren Lippe sich noch einen Mund schnitten, und sich auch falsche Zähne von Abgestorbenen künstlich einsetzten.

Abendtheuerlich waren diese Leute mit zwei Mäulern, und wie sie zu beiden die Zunge herausstreckten, anzusehen; und machte selbige dieses dabei noch gräßlicher, weil sie unten an der Nase durch den Nasenknorbel ein ohngefehr 5 bis 6 Zoll langes dünnes Bein gezogen hatten.

Von der Religion, sonstigen Sitten und Gebräuchen dieses gesammten amerikanischen Volkes konnte ich, weil wir uns nirgends viel aufhielten, keine Erkundigung einziehen; es ist aber das ungesitteste und unartigste Volk unter allen wilden Nationen, so wir auf der ganzen Reise gefunden, und selbst ihre Mundart ist ganz stürmisch, indem sie mit ausserordentlichem Geschrei alle ihre Reden vorbringen.

Sie rückten einsmals in zwei Parthien in ohngefehr 40 bis 50 Kahns gegen uns an; sie umringten die Schiffe, und fuhren dreimal um sie herum. Wir befürchteten einen Angriff, und ladeten unsere Kanonen; sie stimmten alsdann auf ihren Kahns einen sehr schönen Gesang an, und führten den Takt mit ihren Rudern. Die Genauigkeit die sie in Führung des Taktes beob-

beobachteten, und die Lieblichkeit des Gesangs, ihre starken Stimmen ohngehindert, zogen unsere Verwunderung ausnehmend an. Von jeder Parthie war einer wie ein Arlequin in verschiedenen Farben gekleidet; diese wechselten mit ihren vielfärbigten Kleidern und mit verschiedenen vor das Gesicht gethanen Masquen öfters ab, und machten allerlei Possenspiele.

Das gesammte amerikanische Volk ist in der Fischerei sehr geschickt; sie wissen sogar die Wallfische zu fangen. Sie haben Harpuns von Bein, und diese gleich ihren Pfeilen vornen mit einem geschliffenen scharfen Stein versehen. In der Mitte hat dieser Harpun ein Gewerbe; und wenn er in den Wallfisch eingeworfen ist, so kann er nicht mehr wegen dem Gewerbe heraus. Sie verfolgen den Wallfisch beständig, und werfen immer Harpuns in ihn bis er sich verblutet.

Das Land an sich selbst ist mit vielerlei Gattung schöner und ausserordentlich grosser Bäume an der Küste versehen. Wir nahmen auch mehrere feuerspeiende Berge wahr; dann zeigten sich mehrere bequeme Häfen und Meerbusen, besonders entdeckten wir ohngefehr im 59sten Grad eine grosse in das Land gehende Oefnung. Wir fuhren hinein, fanden zwei Wege; einen gegen Südwesten, und den andern gegen Osten. Wir verfolgten den ersten; nach 2 Tag Segeln giengen wir, weil die Oefnung sich endigte, wieder zurück, und versuchten den andern Weg in einer Länge von

ohn-

ohngefehr 260 Grad. Wir kamen bis 200 deutsche Stunden gegen Osten in das Land, und lebten alle der besten Hoffnung, daß Amerika hier zertheilet seye, wir die Durchfahrt machen, und die zur Belohnung ausgesetzte 20000 Pfund Sterling verdienen könnten. Als wir nur noch ohngefehr 60 teutsche Meilen von Hudsonsbay entfernet waren, kamen wir auf einen frischen Strom der uns entgegen kam. Dieser Strom ist so ansehnlich groß, daß ihm keiner in ganz Europa beikommt. Er theilte sich in mehrere starke Aerme aus. Herr Cook entschloße sich, weil das Wasser frisch und süß war, und er daher keine Durchfahrt vermuthete, wieder zurückzukehren; thate solches auch würklich. Es wurde zwar Hrn. Cook der Vorschlag gemacht, daß er die Schiffe vor Anker liegen lassen, und eine Untersuchung mit dem kleinen Fahrzeug anstellen möchte, ob hier keine Durchfahrt vorhanden seye. Hr. Lieutenant Gore verlangten sogar von ihm, daß er ihm die in den Schiffen in Stücken aufbewahrte kleine Schaluppe aufsetzen lassen, und ihm 20 Mann, dann auf 3 Monat Proviant überlassen möchte, wo er alsdann die Durchfahrt in diesem kleinen Fahrzeuge sicher entdecken, und in Zeit 3 Monaten wieder in England seyn wollte. Herr Cook willigte nicht in diesen Vorschlag ein, vermuthlich weilen er sich nicht gerne von Leuten entblösen wollte, und weilen er sich seinen Plan gemacht hatte, daß er in diesem Jahr

und

und Sommer so weit es möglich, gegen den Nordpol dringen, und hier vorderhamst untersuchen wollte, ob keine Durchfahrt zu finden sey. Herr Cook hatte hiezu auch vollkommene Ursache, weilen ansonsten die günstige Zeit verstrichen, und er in diesem Jahre nicht gegen den Nordpol vorrücken können; auch allen Umständen nach er bei sich beschlossen, in folgendem Sommer auf dem vorgemeldten frischen Strom eine Untersuchung anzustellen, die aber durch seinen unvorhergesehenen Tod vereitelt worden.

Im Rückwege fanden wir, daß das Land bis in den Grad 56 nördlicher Breite südwestlich zurück und vorliefe. Wir verfolgten von diesem letztgemeldten Grad das Land wieder gegen Norden an der Küste; und als wir ohngefehr in den Grad 60 kamen, so fanden wir den 12 Junii abermals eine große Oefnung gegen die südliche Seite in das Land. Wir fuhren in selbige hinein; und nach 2 Tag segeln, stießen wir wieder auf einen frischen gegen uns gekommenen Strom. Herr Cook gieng ohne das Ende davon aufzusuchen, wieder zurück, und äusserte, daß hier keine Durchfahrt sey, sondern der in dem Grad 59 entdeckte Strom in diese Oefnung einlange und andeute, daß das vorlaufende Land, nämlich das schon oben gemeldte Cap eine Insul sey.

Nach der Rückkunft aus dieser Oefnung änderte Herr Cook seinen Lauf und giengen hinüber gegen die asiatische Küste. Unterweges, den 19 Junii kamen in einem Kahne 2 in Seehundspelzgekleidete Menschen von einer nahgelegenen Insel auf uns schnell zugefahren, und näherten sich unserem Schiffe, nemlich der Diskovery. Wir warfen ihnen Stricke hinunter, sie hielten sich daran, thaten ihre Kappen dreymal gegen uns ab; und weil wir nichts von ihrer, sie auch nichts von unserer Sprache verstunden, so deuteten sie auf unsere Anker, und gaben uns dadurch zu verstehen, daß wir solche gehen lassen, und mit ihnen an das Land kommen sollten. Als wir in dieses Begehren nicht einwilligten; so gaben sie uns ein kleines viereckigtes Kästgen, und giengen wieder ihres Weges. Wir öfneten das Kästgen, und fanden darinn ein kleines Stück Papier, worauf 5 Zeilen mit griechischen Buchstaben geschrieben waren. Wir konnten nichts davon verstehen; erkannten jedoch unter dieser Schrift die Jahrzahlen 1776 und 1778, und vermutheten nach allen diesen Umständen, daß Russen auf der Insel gescheidert seyen.

Herr Kapitain Klerk gab dem vorausgewesenen Herrn Commodore Cook ein Signal, und begab sich selbst zu ihm an Bord. Letzterer ließ aber nicht halten, vielweniger die Sache untersuchen, was es mit diesen Leuten für eine Beschaffenheit habe. Wir konnten nicht glauben, daß Herr Cook die Schrift verstanden habe; und nahmen daher alle es ihm sehr übel, daß er sich nicht diese Mühe gegeben.

Am 24. Junius, mithin kaum einige Tage darnach liefen wir in einer sehr neblichten Nacht ganz sorglos und unwissend gegen die Insel Unalaska hin. Auf der Resolution wurde man plötzlich eines starken Sorfs gewahr; und vermuthete daher in der Nähe große Klippen und Felsen. Herr Lieutenant Gore, der damals auf dem Verdeck die Wache hatte, ließ gleich das Senkblei werfen, und fand die Tiefe nur von 12 Faden Wasser; ließ deshalb gleich den Anker fallen, und rief dem die Wache habenden Officier auf unserem Schiffe, nemlich der Diskovery mit dem Sprachrohr zu, ein gleiches zu thun. Den andern Tag früh klärte sich's auf, daß die Resolution kaum 20 Schritte vor einem am Ufer des Landes grad aufsteigenden sehr hohen Felsen lage, und der Weg hinter uns mit so vielen Klippen besäet war, daß wir nicht begreiffen konnten, wie wir ohne Unglück durch solche fortgekommen.

Da wir hier der Scheiterung so nahe waren, so gaben beide Schiffscompagnien ihren Unwillen über die Unleutseligkeit des Herrn Cooks, gegen jene allen Umständen nach, Hülfe bei uns gesucht habende 2 Leute noch mehr zu erkennen, und deswegen diesem uns fast begegneten gleichen Unfall die Schuld.

Inzwischen wurde der Ort, wo wir beynahe Schiffbruch gelitten, Providencebay genannt, und giengen wir des andern Tages auf die andere Seite der

Insel, wo wir in einen schönen Haven zu liegen kamen, den Herr Cook den Reeshaven nannte.

Wir füllten hier unsere Fäßer mit gutem frischen Waſſer; nahmen damals einige der dortigen Einwohner wohl wahr, hielten uns aber gar nicht auf, sondern ſetzten unmittelbar unsere Reise gegen die asiatische Küste hinüber fort.

Den 9 Auguſt landeten wir in dem Grad 65 nördlicher Breite auf der jetztgemeldten aſiatiſchen Küste. Die Einwohner auf dieser kommen den vorbeschriebenen Amerikanern ganz ähnlich; nur sind sie von etwas brauner und dunklerer Gesichtsfarbe; sie verſammelten sich in einer ſtarken Anzahl mit Bogen und Pfeilen an dem Ufer. Herr Cook gieng dem ohngeachtet ganz allein an das Land, und machte durch Geschenke Freundschaft mit ihnen. Ihre Nahrung beſtehet in Fiſchen, und besonders in Seekühen, und die Haut von diesen wiſſen sie so gut als ein Gerber zuzubereiten. Der Kommodore gab dem Vorgebürge dieses Landes den Namen Cookstown.

Wir ſtrichen längſt dieſer aſiatiſchen Küſte hinauf bis in den Grad 66 der Breite gegen Norden zu; und kamen allda in eine Meerenge, die Aſien und Amerika trennet. In der Mitte dieſer Meerenge konnten wir bei hellem Wetter dieſe beiden Welttheile, die ohngefehr 40 teutſche Stunden nur voneinander liegen, zugleich ſehen.

Wir giengen wieder zurück, biß an den ebengemeldten Cookstown, und strichen alsdann wieder grad hinüber auf die amerikanische Küste, wo wir von dem Grad 65 längs hinauf giengen. Den 15ten August kamen wir an diese amerikanischen Küste in dem Grad 71, und nahmen das erste Eis gegen den Pol zu, wahr; als wir aber in den Grad 72 kamen, wurden wir von dem Eise fast ganz umringet und eingeschlossen. Wir machten uns wieder los; und weil wir vor Eis weiter nicht kommen konnten, auch auf dieser Seite unseren Wunsch zu Ausfindung einer Durchfahrt vereitelt sahen; so begaben wir uns wieder zurück biß in den Grad 71, und von da an dem Eise, so hart es möglich war, wieder hinüber nach Asien, um hier abermal unser Glück zu suchen. Es gelung uns aber auf dieser eben so wenig als auf der amerikanischen Seite; und weil Herr Cook vermuthete, daß beide Welttheile am Pole zusammen hangen, und seine Vermuthung dadurch bestärket wurde, weil die Meerenge in dem Grad 71 nur noch ohngefehr 30 teutsche Stunden breit, und wir hier in der grösten Tiefe nur 22 Faden Wasser fanden; so gab er alle Hoffnung auf in dieser Gegend einen Durchgang zu finden, und versuchte, ob keiner auf der asiatischen Seite hinunter zu, zu entdecken wäre, lief daher längst dieser Küste biß in den Grad 60 zurück. Dieser Versuch schlug abermal fehl; und da, wie wir ohngefehr in dem Grad 60 von Amerika vorhin

hin zum erstenmal herüber gestrichen waren, und bei der Rückkunft auf jener Küste von jenem bis in den 65sten Grad keine Untersuchung angestellet worden, so machte sich Herr Cook im Grad 60 nochmals hinüber nach Amerika, und suchte von diesem bis in den eben auch gemeldten 65sten Grad längst der Küste alles genau, wiewohl wieder vergeblich, durch. Wir stießen hiebei in dem Grad 61 auf eine Insul, die wir für jene, so die Russen schon vorhin entdecket, und beschrieben, und sich Lasko nennen solle, hielten. Herr Cook schickte, weil von dieser vermuthlich nemlichen Insel angegeben wird, daß hier eine nordwestliche Passage sey, den Herrn Lieutenant King mit zwei auf 8 Tage mit Lebensmitteln versehenen Boots aus. Dieser kam aber nach verrichteter Umschiffung mit der Nachricht zurück, daß weder die angebliche Passage vorhanden, noch auch das Land eine Insel wäre, sondern mit dem anderen Lande zusammen hänge, und daher nur eine Halbinsel seye.

Wir verließen die Küste von Amerika den 15ten September; und ist hievon sowohl, als von der asiatischen Küste noch anzumerken, daß beiderseitige Länder von dem Grad 60 gegen Norden zu nicht mehr viel fruchtbar, und ganz nackend, auch Amerika von diesem Grad an, ganz niederes Land; Asia aber erst von dem Grad 65 etwas flach und niedrig sey.

Den

Den 4ten October trafen wir auf der schon oben gemeldten Insel Unalaska wieder ein; und warfen in dem auch schon gesagten Seehaven Anker. Weil uns diesmal die Zeit einen längeren Aufenthalt vergönnte, so suchten wir mit den Eingebohrnen auch Bekanntschaft zu machen, die sie auch ihrer Seits willig annahmen, und öfters zu uns auf die Schiffe kamen. Es waren ganz ordentliche und wohlgesittete Leute. Einer von ihnen brachte aus seinem Busen ein kleines Crucifix heraus, und küßte selbiges. Etliche Tage darnach kamen wieder einige Einwohner zu uns, und brachten uns etwas frisch gebackenes von Mehl. Aus allen diesen Umständen schlossen wir, daß schon Europäer auf dieser Insel gewesen, und vielleicht noch da seyen. Wir erkundigten uns bei den Insulanern deswegen; und sie gaben uns durch Zeichen zu verstehen, daß auf der anderen Seite der Insel Europäer seyen. Der Soldatenkorporal von der Resolution gieng nebst zwei Insulanern über Land dahin, traf bei 30 Russen an, und kam mit 3 davon zu uns an Bord, von welchen wir vernahmen, daß sie wegen dem Handel mit den Insulanern von Rußland abgeschicket, und alle 3 Jahre abgelöset würden.

Der Handel der Insulaner bestehet hauptsächlich in allerlei Pelzwaaren, und sind selbe der Krone Rußland auch schon unterworfen. Wir erwiesen den 3 Russen alle Freundschaft, und verliessen, nachdem Herr

Cook selbigen einen Brief zurückgelassen, die Insel den 25sten October.

Herr Cook hatte sich vorgenommen diese Insel zu umschiffen; es entstund aber hier einer der gefährlichsten Stürme, mit dem wir drei Tage und drei Nächte zu kämpfen hatten. Hätte Herr Cook seinen Lauf gegen Nihau zu genommen, so hätten wir günstigen Wind gehabt; so aber mußten wir an der Küste hin und wieder laviren. In der dritten Nacht wurde jedermann auf das Verdeck gerufen; der Oberbootsmann mit mir, und 4 anderen wollten die Meerbrücke, die an der aufgesetzten Schnuit vorbei lief, und sich abreiben wollte, durch ein in die Oefnung angebrachtes Stück Leder befestigen. In dem Augenblick erhobe sich ein so gefährlicher Windstoß, daß die Walzen, durch welche der Strick lief, ausgerissen wurden, und wir wurden hinterrücks durch die Gewalt des Stricks wohl 1 1/2 Stockwerk hoch geworfen, so daß ich auf der anderen Seite des Schiffs wieder hinunter fiel; und wäre ich noch 1 Schuh weiter geworfen worden, so würde ich ohnfehlbar in die See gestürzet worden seyn. Bei dieser Gelegenheit wurde ein Matros, Namens Meckentasch, der gegen den Mast geworfen worden, getödtet.

Wir nahmen unsern Weg jener Himmelsgegend zu, wo wir vorhin die Insel Nihau und die sogenannte Damsinsel entdecket hatten; und suchten die dort vermutheten

mutheten übrige Inseln auf, hatten uns auch schon zum Handel mit diesen während unserm Aufenthalt auf der Insel Unolaska vorbereitet, indem Herr Cook den auf der Diskovery, wie schon oben gemeldet, zerbrochenen Buchanker von ohngefehr 18 Centner aufarbeiten, und daraus verschiedene unter den Heiden gebräuchliche Werkzeuge, dann Nägel und Messer verfertigen lassen.

Den 26sten November stießen wir im Grad 22 nördlicher Breite etwas mehr östlich als Nihau und die Yamsinsel liegt, auf eine ganze Kette von dicht beisammen gelegenen Inseln, und fanden ohne diese zwei noch ohngefehr 15 theils große und theils kleine, die alle sehr stark bevölkert waren. Wir nahmen sie alle nach einer sechswochigen Arbeit in Augenschein; konnten aber, weil an keiner ein bequemer Haven zu finden ware, nicht landen, trieben inzwischen mit den Eingebohrnen, die täglich in ihren Kahns zu uns kamen, und uns Lebensmittel in Ueberfluß zubrachten, starken Handel. Die letzte und größte davon nennte sich O-waihi; und vor dieser warfen wir den 6ten Januarii 1779, weil wir einen sehr bequemen Hafen fanden, Anker, besserten unsere Schiffe und Thauwerke aus, und hielten uns bis den 4ten Februarii auf selbiger auf.

Herr Cook nannte diese Inseln, insgesammt von des Lord Sandwichs Namen, die Sandwichs-Inseln.

Die Einwohner sprechen, wie schon oben bei Nihau erwehnet worden, eine den Tahiten sehr ähnliche Sprache; haben auch die nemliche Leibesgröße, die nemliche rothbraune Farbe und Gesichtsbildung. Aber ihr Wuchs und überhaupt ihr äusserliches Ansehen ist weit schöner; und in ihrem Umgange sind sie angenehmer, auch viel gesitteter und geschickter.

Das Frauenzimmer trägt am vorderen und hinteren Theile des Kopfes die Haare ganz rund abgeschnitten, auf die nemliche Art, wie in England die Kinder.

Die Mannspersonen scheeren sich ihre Bärte mit 2 gegeneinander haltenden Seemuschelschalen ab.

Beide Geschlechter sind am Leibe auf die nemliche Art wie die Tahiten mit schwarz brauner Farbe punctiret, und ihre Kleidung bestehet meistentheils nur in Schaamtüchern von einer Baumrinde, die aber mit verschiedenen Desseins sehr künstlich gemahlet, und so schön sind, daß man glaubt, sie wären Cids oder Katton.

Das Frauenzimmer zieret den Hals und Kopf noch mit Kränzen, so von kleinen Vögelfedern verschiedener und abwechslender Farben gemacht; welcher Putz ihnen auch sehr wohl ansteht.

Ihre

Ihre Wohnungen sind ganz zugemachte und mit einer ordentlichen Thür zum Eingange versehene Hütten, und gehen verschiedene Tagslichter hinein. Selbige sind von unten bis oben auf mit Gras und Laub durch schön geflochtene Stricke so dicht und künstlich eingeflochten, daß auch der stärkste Regen nicht durchdringen kann; sie haben aber keine besondere Zimmer oder Abtheilungen. Ihr Lager bestehet in einer von gemahltem Gras künstlich geflochtenen Matte; und kommen jene der Tahiten diesen an Kunst, Schönheit und Stärke bei weitem nicht gleich. Geräthschaften in den Hütten nahm ich gar keine bei ihnen wahr, ausser aus Holz fein gedrehte Schüsseln und Teller.

Ihr Werkzeug bestehet lediglich aus harten schönen Steinen; und ist daher sehr zu bewundern, wie sie solche Geräthschaften verfertigen können.

Ihre Fahrzeuge sind künstlich zusammengesetzte Kahns, und mehrentheils mit zweierlei Farben aussenher schattiret; unten sind die meisten gelbbraun, und an der oberen Rundung schwarz angestrichen. Die Farbe verlieret durch das Wasser nicht das mindeste; Der Bau dieser Kahns ist denen der Tahiten gleich; nur haben diese Insulaner keine so großen als jene.

Ihre Waffen sind 5 bis 6 Schuh lange Spieße und Schleudern. Jene sind von hartem schwarzbraunen und wie lakirt aussehendem Holze; vorn hinter der Spitze haben sie mehrere Zacken rückwärts, und sind
daher

daher, wenn sie in das Fleisch eingehen, schwerlich herauszubringen; diese aber sind breit geflochtene Stricke. Dann haben sie auch noch eine Art von hölzernen Dolchen, die wie ein Degen so dünn, zweischneidig und ohngefehr 2 Schuh lang sind. Sie sind mit ihren Waffen sehr geübt und geschickt; und wenn sie gegen einander streiten, so halten sie ihre schon oben beschriebene und zum Bett dienende Matten zum Auspariren vor.

Den Gegenstand ihrer Abgötterei untersuchte ich so viel mir möglich war. Der König einer jeden Insel ist zugleich der Hohepriester, und bestimmt einen sichern Tag, den sie feiern, oder nach ihrer Sprache matauen, und ihre Götter verehren. Wie oft aber dieses des Jahrs, und ob es mehr als einmal geschiehet, weiß ich nicht.

Dieser Tag wird sehr hoch von ihnen gehalten; und würde sogar keiner das geringste, man mögte ihm auch davor geben was man wollte, vertauschen oder verhandeln.

Sie haben eine sehr große Anzahl Götter, und nennen sie alle nach den Namen ihrer Könige und Ehris.

Diese Götter flechten sie in der Form eines Brustbildes aus einer Art dünnen und biegsamen Holzes, samt dem Halse, Kopf, Nase, Mund und Ohren. Sie setzen selben Augen von Perlemutterschaalen und

große

große Schweinszahne ein. Von der Brust bis ganz über den Kopf besetzen sie selbige mit kleinen rothen Vögelfedern in solcher Menge, daß man von dem inneren Holze gar nichts mehr wahrnimmt.

Die Brustbilder und alle übrigen Theile sind von ungeheurer Größe. Einigen von diesen ihren Göttern machen sie auf dem hinteren Theil des Kopfes falsche Haare, und einigen setzen sie auch Kappen auf, die ebenfalls auf nemliche Art geflochten, und mit Federn besetzet, jedoch aber mit gelben und noch mehr anderen Federn schattiret sind, und den römischen Pickelhauben viel gleichen.

Sie trugen uns mehrere ihrer Götzenbilder zum eintauschen an; wir handelten auch verschiedene von ihnen ein, die wir mit nach England nahmen.

Herrn Cook machten jene auf der Insel O-waihi auch zu einem Gott, und richteten ihm zu Ehren ein Götzenbild auf. Sie nannten es nach dessen Namen: O-runa no te tuti. O-runa hieß Gott, tuti Cook. Dieser Abgott war wie die ihrige geformt; aber statt der rothen mit lauter weissen Federn gezieret, vermuthlich aus der Ursache, weil Herr Cook als ein Europäer von weisser Gesichtsfarbe war.

Auf jetztgesagter Insel O-waihi sahe ich einem Götzendienste zu. Der König gieng mit vielen Ehris aus seiner Wohnung, und einige von lezteren trugen mehrere Götter voraus. Der König war mit einem großen bis auf

auf die Ferse reichenden rothen Mantel, und die Ehris theils mit eben so langen, theils aber mit etwas kleineren und zum Theil auch nur bis über die Schultern reichenden Mänteln umhüllet. Ein jeder hatte auch so eine nemliche Kappe, wie zum Theil ihre Götter haben. Der Zug gieng in Fahrzeugen über den Seehafen hinüber auf die Seite, wo Herr Cook sich in seinem auf dem Lande aufgeschlagenen Zelte befande, und diesem wurde allda auch einer ihrer Mäntel angezogen, und eine der vorgesagten Kappen aufgesetzet.

Unterwegs fiel das gemeine Volk, da die Götter vor ihnen vorbeigetragen wurden, auf das Angesicht nieder; keiner von diesen durfte aber dem Zuge folgen.

Wie eigentlich der Götzendienst auf jener Seite des Hafens gehalten worden, was für Ceremonien dabei vorgefallen, und was allenfalls geopfert worden, kann ich nicht angeben, indem mir meine Geschäfte damals nicht erlaubten, daß ich dahin abkommen konnte. So viel kann man aber doch schon abnehmen, daß diese, wie alle übrige bisher entdeckte Heiden zu nicht geringer Bewunderung, eine Gottheit erkennen und verehren. Selten sahe man sonsten den König oder einen Ehri in denen Kappen und rothen Mänteln; und dieses mag ein Zeichen seyn, daß derselben Gebrauch hauptsächlich zum Götzendienst gewidmet seye.

Diese

Diese rothen Mäntel sind sehr künstlich gearbeitet; das innere bestehet aus einer von Gras geflochtenen Matte, und aussenher sind kleine rothe Vogelfedern dicht darauf gesetzet. Diese sind wieder in allerlei schönen und ordentlichen Zügen mit schwarzen, gelben und grünen Federn vermischet, so daß alles gegen einander absticht.

Es ist die schönste und künstlichste Seltenheit, die je unter allen wilden Völkern gefunden, auch von allen dafür erkannt worden. Auf unsern Schiffen wurden mehrere davon eingetauscht und nach Haus gebracht. Die Vögel die dergleichen Federn tragen, sind in solcher Menge vorhanden, daß ich sie noch nirgends gesehen; und werden selbige auch ohne besondere Mühe in Schlingen gefangen.

Die Begräbnisplätze der Insulaner sind mit Steinen hoch aufgesetzt, und unter diese werden die Todten nach ihrer uns gethanen Auslegung (da wir keine Leiche gesehen) begraben.

Auf diesen Plätzen selbst nahmen wir eine große Anzahl aufgerichteter Stangen wahr. An einigen hingen noch abgedörrte Früchte; und so viel wir abnehmen konnten, so richtet jede Familie den ihrigen zu Ehren dergleichen Stangen auf.

Die Inseln sind insgesamt sehr hohe bergigte Länder, überaus fruchtbar und wasserreich.

In O-waihi trafen wir einen feuerspeienden Berg an, und einige bemerkten wir, daß sie ausgebrannt seyen. Die Früchte des Landes bestehen in mehreren Arten Pisangs, Yamswurzeln, Brodfrucht, süssen Kartoffeln, Kokosnüssen, viel und gut gewachsenen Zukkerrohren auch mehreren andern Gewächsen, deren Namen ich nicht angeben kann. Ihre vierfüßige Thiere sind Schweine und Hunde. An diesen, dann an Hünern und Hahnen haben sie einen so reichlichen Ueberfluß, daß die tahitischen Inseln ihnen den Vorzug weit überlassen müssen. Wir salzten auch auf beiden Schiffen einen 13 monatlichen Vorrath von Schweinenfleisch ein.

Die Einwohner in O-waihi brachten uns das beste und schönste Salz in Ueberfluß zu. Es war das einzige Salz, das wir bei Insulanern auf unserer ganzen Reise fanden, ganz vortreflich weiß; ohne dies wären wir auch nicht im Stande gewesen, den großen Vorrath von Schweinenfleisch einzusalzen. Dieselben wissen es ordentlich zu gebrauchen, und salzen sich auch Fische auf den Vorrath ein. Vermuthlich müssen Salzberge bei ihnen seyn.

Nach unserer von O-waihi den 4ten Februarii genommenen und schon oben gemeldten Abreise wollte Herr Cook eine vollkommene Untersuchung der übrigen Inseln vornehmen, auch die noch abgängige eigentliche und wilde Namen derselben aufnehmen. Unterwegs

wegs aber sprang auf der Reso'ut'on in einem heftigen Sturme der Fockmast; und dieses nöthigte uns, wieder in den Hafen nach O-waihi zurückzukehren.

Wir fanden das Volk bei dieser unserer Zurückkunft viel geändert gegen vorhin; und überhaupt bemerkten wir an selbigem schon vor unserer Abreise einige Unzufriedenheit, auch nicht mehr so viele Ehrfurcht gegen uns, wie zuvor. An beidem mag allerdings die Schuld gewesen seyn, weil Herr Cook von dem Begräbnisplatze alle von ihnen aufgerichtete Stangen, jedoch mit Erlaubnis ihres Oberhaupts, dem 6 Beile zum Geschenke dafür gereichet worden, um deswillen zum Feuerholz kleinmachen ließ, weil dieses Holz bequemer als jenes auf den hohen Gebürgen zu bekommen war; dann weil Herr Cook auch nach diesem einen verstorbenen alten Quartiermeister, William Wattmann auf derselben Begräbnis zur Erde bestätigen ließ, und dadurch ihnen ein europäisches Leichenbegängnis zeigen wollte.

Ueber ersteres hatte das Volk einen heimlichen Verdruß verspüren lassen; und ohnerachtet sich keiner wegen der Erlaubnis des Königes darüber äusserte, so konnte man doch diesen Verdruß ihnen aus den Gesichtern abnehmen. Durch letzteres wurde ihnen die von uns geschöpfte irrige Meinung, als wenn wir unsterblich wären, benommen; und damit fiel auch die Ehrfurcht weg.

In der Zeit, als der gesprungene Fockmaſt auf dem Lande ausgebeſſert wurde, begieng das Volk mehrere Diebereien. Wir durften auf ausdrücklichen Befehl nach keinem ſchieſſen. Es wurde aber doch mehrmalen bei verſchiedenen Diebereien blind auf ſie gefeuert. Sie merkten gar bald, daß dieſes blinde Schieſſen ihnen keinen Schaden verurſache; und wurden daher immer kecker, frecher und diebiſcher.

Am 13 Februarii begieng ſogar einer auf unſerem Schiffe die Verwegenheit, daß er eine große Schmiedszange entwendete, und damit über Bord ſprang. Mit mir ſetzten noch vier Mann dem Diebe in einem Boote nach; er wurde aber von einem ſeiner Landsleute gleich in einen Kahn aufgenommen, und ehe wir ihn auf der See erreichen konnten, ans Land gebracht. Wir verfolgten ihn auf dem Lande, und holten ihn auch ein; wir wurden aber von einer ſich zuſammen gerotteten ſtarken Anzahl Inſulaner umringet, feſt gehalten, und hatte ſich inzwiſchen der Dieb mit der Beute glücklich fortgemacht. Wegen von uns gemachtem Widerſtande, kam es damals ſchon zu Thätlichkeiten; und wenn nicht Herr Cook, der damals eben am Lande war, dazu gekommen wäre, ſo würden wir alle, oder doch wenigſtens einige von uns von ihnen erſchlagen worden ſeyn.

In der Nacht vom nemlichen 13ten auf den 14ten wurde von unſerem Schiffe, nemlich der Diſcovery ein

ein Boot abgeschnitten und entwendet. Es war das beste das wir hatten; und als ich bei damals auf dem Verdecke gehabter Wache morgends bei Anbruche des Tages den Diebstahl wahrgenommen und es Herrn Kommodore Cook hinterbracht worden: so ließ er gleich 6 Boots mit Ober- und Untergewehr stark bemannen, vier davon mußten den Hafen sperren, und keinen Kahn der Wilden hinauslassen; mit zweien gieng er selbst ans Land, stieg nebst dem Seesoldaten-Lieutenant Herrn Philipps, und ohngefehr noch 12 Mann aus, und gab dem Schiffslieutenant Herrn Williamson Ordre, daß er mit der übrigen Mannschaft, die ohngefehr noch in 14 Mann bestunde, in den Boots bleiben solle.

Herr Cook hatte im Sinn, den König auf das Schiff in Arrest zu bringen, und ihn so lange nach dem auf der Insel Ulibra geschehenen Beispiel als Geissel aufzubehalten, bis das Boot wieder herbeigeschaft würde.

Dieses Vorhaben hätte ihm auch hier, wenn er die bewaffnete Mannschaft zurückgelassen, und den König auf das Schiff wie dorten mit Glimpf und gütlich eingeladen hätte, gelingen können; allein er war hier zu hitzig, und dieses beförderte seinen nicht genug zu bedaurenden Tod.

In der Zeit, als er den König aus seiner Wohnung am Arm bis an das Ufer brachte, wurde von der Mannschaft der 4 Boots, die den Hafen sperreten, auf die ausfahren wollenden Kahns der Insulaner verschiedentlich gefeuert, auch dadurch vermuthlich einige dieser Leute verwundet.

Das Volk, das bei unserer Ankunft sich gleich in einer unzählbaren Menge versammelte, und das sich schuldig wußte, rieth dem Könige ab mitzugehen; und dieser weigerte sich hierauf auch dessen. Ein altes Weib breitete zwischen dem Könige und Herrn Cook ein Tuch aus, und deutete damit an, daß ihn der Capitain nicht über dasselbige bringen dürfte. Herr Cook wollte den König gewaltsam mit sich fortreissen; das Volk aber warf ihn mit kleinen Steinen. Er der vorhin von diesen Leuten als ein Abgott verehrt worden, ergrimmte hierüber, schoß von seiner bei sich gehabten doppelten Flinte den mit Schroot geladenen Lauf unter sie los, ergriff den König nochmals bei der Hand, und riß ihn über das ausgebreitete Tuch mit sich fort.

Einer, der gleich hinter Herrn Cook stand, stieß ihm einen eisernen Dolch, deren er selbst einige dem Volke in nemlicher Art als wie ihre obenbeschriebene hölzerne Dolche sind, verfertigen lassen, und zum Geschenke gegeben, zur rechten Schulter hinein, und vornen auf der linken Seite zum Herzen hinaus.

Herr Cook fiel todt zur Erde, und unsre Mannschaft auf dem Lande gab unter das Volk Feuer. Dieses stürmte gleich auf sie los, erschlug noch 4 Mann von ihnen, und drei wurden verwundet.

Herr Lieutenant Williamson machte bei diesem Vorfall in den nächstgelegenen 2 Boots einen blosen Zuschauer; die Mannschaft wollte gleich näher an das Land rücken, unter das Volk feuern, um dadurch ihren nothleidenden Kameraden zu Hülfe zu kommen, auch den Tod ihres Commodore auf der Stelle rächen. Er gab es aber nicht zu, sondern drohte noch, daß er den, der einen Schuß thäte, selbst erschiessen wollte. Wunderbar war diese Weigerung; und ich weiß nicht, war es Zaghaftigkeit, oder wollte er mit Fleiß die doch schuldige Hülfe nicht leisten. Ersteres kann ich von ihm kaum glauben, da er doch gleich bei unserer Ankunft auf der Insel Nihau einen derer Wilden, weil ihre Höflichkeit ihm zweifelhaft vorkam, zu erschiessen das Herz hatte.

Was Herr Williamson versehen, oder wie es scheinet, nicht gerne thun wollen, verbesserte Herr Lieutenant Gore; denn dieser bemerkte kaum auf der dem Landungsplatz in dem Hafen nächstgelegenen Resolution mit seinem Sehrohre den Vorgang; so ließ er gleich mit Kanonen unter das Volk auf das Land feuern, und hielt dadurch dieses von der Verfolgung der übrigen von dem Lande in die See gesprungenen und an die Boots geschwommenen Mannschaft ab, deren Leben sonst gewißlich auch verloren gewesen wäre.

Herr Lieutenant Philipps, der selbst durch einen hölzernen Spieß an der einen Seite des Leibes verwundet war, vergaß Schmerzen und Gefahr, stürzte sich, als er einen am Auge verwundeten Seesoldaten vor Schmerzen in der See sinken sahe, wieder aus dem Boote, und rettete ihn. Gewiß eine wahre Menschenliebe und ein edles Gefühl verrathende That!

Das Schiffsvolk war über den Tod ihres Kommodore sehr aufgebracht; und wollte sich deßfalls an den Einwohnern rächen. Herr Lieutenant Gore machte dem Herrn Capitain Clerk den Vorschlag, daß man beide Schiffe nächst an das Land bringen, und mit den Kanonen die nächstgelegene Stadt, wo der König seine Wohnung hatte, niederschießen, und alles verheeren möchte. Herr Clerk willigte aber in diesen Vorschlag nicht, sondern ließe sich angelegen seyn, den am Land gelegenen Fockmast an Bord der Resolution zu bringen, um die Reparation auf dem Schiffsverdecke fortsetzen zu können. Die Einwohner suchten uns an dieser Verrichtung zu stöhren, und warfen mit ihren Schleudern und Spießen nach uns. Wir besetzten aber ihr Begräbnis oder Moray, so ein aufgeworfener hoher Platz ist, und uns gleichsam zur Festung diente; wir schossen mehrere nieder, und führten unser Vorhaben glücklich aus.

In ohngefehr anderthalb Stunden war der Mast auf das Schiff gebracht, weil wir mit ohngefehr 90 Mann

Mann zu der Abholung an das Land gegangen waren. Herr Clerk wollte, da nun die Hauptbesorgniß vorüber war, ich weiß nicht aus was für geheimen Ursachen, doch an den Eingebohrnen sich nicht rächen, sondern dachte den Körper des erschlagenen Cooks in der Güte zu bekommen, und sich mit ihnen wieder vollkommen auszusöhnen. Das Schiffsvolk vermuthete aber, daß weder eins noch das andere auf diese Art würde ausgeführt werden können; denn wir sahen schon vorher, daß die Eingebohrnen den Körper des Cooks auf den Berg hinauf schleppten. Die ganze Nacht brannten auf dem nemlichem Berge mehrere große Feuer, und unter dem Volke war ein beständiges allgemeines Jubelgeschrei.

Den andern Tag frühe, als den 15ten Februarii, schickte Herr Clerk den Herrn Lieutenant King und Herrn Mitschippmann Wennkover mit 5 stark bewafneten Boots und weissen Friedensfahnen gegen das Land mit dem Auftrag ab: daß sie den Körper des Kapitains in aller Güte von den Eingebohrnen verlangen, und sich mit ihnen auszusöhnen suchen sollten. Wir hielten mit den 5 Boots in einer kurzen Entfernung vom Lande; und beide Herrn Officiers, die die Sprache der Wilden ziemlich gut verstunden, richteten ihren Auftrag den am Strande sich eingefundenen Eingebohrnen aus. Sie zeigten uns zwar auch ein Stück weisses Tuch, als ein gegenseitiges Frie-

Friedenszeichen; spotteten aber nur unserer und gaben zur Antwort: O-runa no te tuti Heri te moi a popo Here mai, das heisset: Der Gott Cook sey nicht todt, sondern schlafe im Walde, und würde morgen kommen.

Herr Lieutnant King ließ mit einem abgeschickten Boote dem Herrn Kapitain Clerk hievon Nachricht geben, und anfragen, ob wir auf das Volk an dem Ufer Feuer geben sollten; die zurückgekommene Ordre wieß uns aber an, daß wir kein Feuer geben, sondern uns wieder an die Schiffe begeben sollten. Den andern Tag frühe, nemlich den 16ten Februarii, musten wir einen ähnlichen Versuch nochmals thun. Die Einwohner spotteten uns aber diesmal noch mehr aus; und tanzten sogar einige vor unsern Augen mit den Kleidungsstücken des Herrn Cooks herum. Weil wir wieder gemessene Befehle hatten, gegen die Eingebohrnen keine Thätlichkeiten auszuüben, so nahmen wir unsern Rückweg wieder an die Schiffe. Wir waren kaum allda angelanget, so folgte einer der Ehris des Landes in seinem Kahn uns ganz kühn nach; setzte des Cooks Hut vor unserem Angesicht auf ein Ohr, und schwung ihn auch noch mit der Hand über dem Kopf herum.

Herr Clerk erbitterte sich endlich selbst, ließ die Resolution näher an das Land bringen, und schoß einige Kanonen in jene Stadt hinein, wo der König wohnte.

Die

Die Einwohner liefen gleich tausendweis den Berg hinauf, und entfernten sich vor dem Geschüze.

Den 17ten wollten wir auf der anderen Seite des Hafens nächst an der dort gelegenen andern Stadt Wasser füllen. Die dortigen Einwohner kehrten sich an das, was wir Tags zuvor an ihren Nachbarn ausgeübt hatten, nicht; sondern warfen hinter ihren Hütten, und hinter den Felsen mit Spießen und Steinen auf uns, so, daß wir unverrichteter Dinge wieder abziehen mußten.

Auf unser Anhalten, und weil wir des Wassers benöthigt waren, erlaubte endlich, jedoch mit einiger Unzufriedenheit Herr Clerk, der immer die Besorgniß der Abschneidung unserer wegen Vielheit des Volks vorschüzte, daß wir die Stadt in Feuer sezen, und die sich widersezende Einwohner niederschiessen dürften. Wir giengen gleich wieder an das Land, sezten die Hütten in Brand, und schossen nieder, was uns vorkam; und wo sich ein Haufen von den Einwohnern versammelte, wurde von der hiernächst an das Land gebrachten Diskovery noch mit Kanonen auf sie gefeuert. In kurzer Zeit ließ sich kein Mensch mehr sehen; und wir konnten alsdann ruhig Wasser füllen.

Einen alten Mann und ein altes Weib, so vor Alterthum und Schrecken uns nicht entrinnen konnten, nahmen wir gefangen, und brachten sie an das Schiff. Herr Clerk schenkte ihnen aber wieder die Frey-

Freiheit; und zur Dankbarkeit brachte uns der alte Greis, so lange wir noch da lagen, alle Nacht in seinem Kahn Früchte und Schweine zu. Ueberhaupt sind, wie wir nachgehends gehöret, 2 bis 300 Einwohner, und unter diesen bei 30 Ehris von uns getödtet worden.

Den 18ten Februarii setzten wir die Füllung des Wassers fort. Es kamen damals ohngefehr 30 Ehris gegen uns in einer Reihe den Berg herunter, und hatte jeder einen grünen Zweig in der Hand. Wir winkten ihnen, daß sie zurückbleiben sollten, und zielten mit unseren Gewehren auf sie; sie fielen nieder und blieben hinter den Felsen liegen. Da Herr Clerk dieses auf dem Schiffe sahe, schickte er den Hrn. Lieutenant King an das Land; und dieser ließ 3 davon zu sich herunter kommen. Ihr Anliegen war Friede zu machen. Herr King nahm sie mit an das Schiff; und Herr Clerk versprach ihnen, daß die Feindseligkeiten aufhören, sie aber den Körper des Kommodors herbeischaffen sollten. Sie versprachen dieses, und den andern Tag brachten die nemlichen drei ein Stück vom Kopfe, etliche abgenagte Beine, und die rechte Hand vom Herr Cook, welche letztere wir der an an dem Daumen ehemals bei Gelegenheit der von ihm beschehenen Aufnahme der Küsten von Newfoundland auf der Jagd erlittenen bekannten Verwundung erkannten. Sie gaben uns zu verstehen, daß diese Stücke ihr Antheil wären, die sie

von

von dem Körper bekommen. Herr Kapitain Clerk gab ihnen Geschenke, und versprach ihnen noch größere, wenn sie noch mehrere Stücke brächten. Tags darauf brachten sie auch noch einige verstümmelte Gliedmaßen, dann die Cooks doppelte Flinte, die ganz breit geschlagen war, und gaben uns zu vernehmen, daß sie diese von ihren Anverwandten gesammelt.

Wir sahen nun wo͡ , daß es ohnmöglich war den Körper ganz, o mehrere Theile zu bekommen, und daß die übi aufgezehret seyen; dahero wir den 21ten Februarii diese Stücke mit den gewöhnlichen Ceremonien in die See begruben.

Ich glaube dem Gedächtnisse dieses Mannes, der einer der grösten unserer Zeiten war, schuldig zu seyn, hier seine Beschreibung etwas weitläuftiger auszuführen.

Herr Cook war ein großer, schöner, starker, etwas hagerer Mann, schwarzbrann, finster von Gesicht, etwas gebückt. Er war anfänglich ein gemeiner Matrose, schwung sich aber durch seine Verdienste so hoch, daß er einer der berühmtesten Seefahrer wurde. Er war sehr streng und gähzornig, und so, daß die geringste Widersetzlichkeit eines Officiers oder Matrosen ihn aus aller Fassung brachte. Er war unerbittlich über die Schiffsgesetze und die darauf gesetzte Strafen, und zwar in der Maaße, daß, wenn mitten unter den Wilden auf einem Posten etwas entwendet

det wurde, die härtesten Strafen gegen den, der den Posten hatte, verhängt wurden. Kein Seeofficier hatte vielleicht jemals eine so ausgedehnte Oberherrschaft über seine unter ihm dienende Officiers, als er, so, daß keiner sich jemals unterstunden, ihm zu widersprechen. Er war öfters an der Tafel mit seinen Officiers ohne ein Wort zu reden, und überhaupt war er sehr zurückhaltend. Der Gemeinen nahm er sich in billigen Sachen mehr an, als der Officiers; zu Zeiten war er auch gegen das Schiffsvolk sehr leutselig. In verschiedenen Gelegenheiten hielt er sehr schöne Anreden; und ich erinnere mich noch besonders, daß, als wir das erstemal zu Nihau waren, er uns sehr freundschaftlich ermahnte, daß wir den unschuldigen Wilden die Krankheiten nicht mittheilen möchten, womit wir angesteckt waren.

Er redete niemals von Religion, wollte keinen Priester auf dem Schiffe dulden, feierte sehr selten die Sonntage, war aber sonst ein gerechter Mann in seinen Handlungen; fluchte niemals, auch im größten Zorne nicht. Er war besonders reinlich, und nach diesem Beispiele muste die sämtliche Equipage sich richten, besonders muste alle Sonntage das Schiffsvolk frisch angekleidet seyn. Die Mäßigkeit war eine Haupttugend bei ihm. In der Zeit, daß ich mit ihm die Reise gemacht habe, hat ihn keiner jemals betrunken gesehen. Er wollte niemals gestatten, daß der gemeine

meine Mann seinen Brandtwein auf mehrere Tage aufheben, und sich dann betrinken sollte; und wenn hie und da einer wegen Trunkenheit sein Amt nicht verrichten konnte, so gieng es niemals ohne schwere Strafe ab. Seine Tafel war sehr gering, und geringer, als jemals ein Seeoffizier sie hatte. Er aß meistentheils Sauerkraut mit einem gesalzenen Stück Fleisch, etwas Erbsen; und so bestand seine Tafel meistens aus zwei oder höchstens drei Gerichten. Sonnabends war er meistens freundlicher als sonst, er trank auch dann ein Glas Punsch mehr als gewöhnlich, auf die Gesundheit schöner Weiber und Mädgen. Niemals hatte man nur einen Verdacht auf ihn in Ansehung des Umgangs mit dem Frauenzimmer; und auf Otahiti und Owaihi, wo jeder sich der Anzüglichkeit des Frauenvolks überließe, war er allein rein und unversehrt. Im übrigen Genuße liebte er die Gleichheit; und wenn die Gelegenheit sich ergab, so theilte er Trank und Speise unter sich, den Offiziers und Matrosen gleich aus.

Die Unerschrockenheit war se'n Haupt-Charakter. Auf den unbekannten Küsten von Amerika liefe er bei den neblichten Nächten mit vollen Segeln, schlief dabei ruhig; und öfters im Gegentheil, wenn niemand Gefahr vermuthete, kam er auf das Verdeck, veränderte den Lauf des Schiffes, weil Land nahe war, und so, daß jedermann glaubte, er habe besondere

gehei-

geheime Zeichen, aus denen er die Gefahr abnehmen könne. Wenigstens kann ich versichern, daß solche Fälle sich sehr oft zugetragen haben, wo gegen aller Vermuthen er allein Land bemerkte, und seine Bemerkung traf immer richtig ein.

Ich glaube nicht, daß England einen tapferern See-Offizier gehabt habe, als ihn. In dem Augenblick der grösten Gefahren war er der munterste, heiterste und standhaftigste; und dann war seine Hauptbeschäftigung nur die Stille und Ruhe auf dem Schiffe herzustellen, welches ihm auch so gelung, daß meistens aller Augen nur auf ihn gerichtet waren. Er war gebohren mit den Wilden umzugehen. In seinem Umgange mit diesen nahm man mehr Vergnügen an ihm wahr, als sonsten. Er liebte sie, verstund die Sprachen verschiedener Insulaner, und hatte die besondere Kunst sie einzunehmen. Eben das war Ursache, daß die Wilden ihn verehrten, und zu Zeiten vergötterten; aber eben das war die fernere Ursache, daß, wenn sie von dieser Verehrung abliessen, oder ihn wohl gar zu Zeiten verspotteten, er vor Zorn entbrannte, und dann in seiner Rache zu Zeiten unmäß. war, wobei er doch besonders keinen mit dem Tode strafen ließ. Er konnte sich durch seine Gebärden vorzüglich den Wilden begreiflich machen: und gleichwie er durch den Umgang mit ihnen sich eine besondere Geschicklichkeit hierin erworben hatte, so waren sie ihm am meisten

erge-

ergeben. Auch that er alles, was ihnen Vergnügen machen konnte; er suchte sie durch Geschenke, durch Mittheilung, durch allerlei Vorstellungen unserer europäischen Sitten, der Kriegsart ꝛc. zu unterhalten, und ihre Freundschaft sich zu erwerben.

Was ihm noch besonders zum Lobe gereicht, ist die innere Einrichtung der Polizei des Schiffs, besonders in Ansehung der Gesundheit der Equipage. Den Müßiggang hielt er für den grösten Feind der Gesundheit; und er suchte deswegen das Volk immer mit Arbeit zu beschäftigen; auch wenn nichts besonders zu thun war, ließ er etwas abbrechen und wieder einrichten, oder See-Manoeuvres machen, damit die Arbeit nicht ausgieng. Immer ließ er im voraus arbeiten, und jede Profeßion muste einen Vorrath ihrer Arbeit haben; und dieser immerdaurenden Würksamkeit, verbunden mit der Mäßigkeit, schrieb ich die Hauptursache der andaurenden Gesundheit des Volks zu. Wochentlich einmal muste das ganze Schiff gereinigt und mit Pulver geräuchert werden; und täglich, ausser im Fall eines Sturms, musten alle Hangmatten auf das Verdeck gebracht werden, von woher sie erst bei Untergang der Sonne wieder eingethan wurden. Vom vielen Fleischessen mahnte er uns sehr oft ab, und war immer bereit statt des Fleisches Mehl zu Fertigung anderer Speisen austheilen zu lassen. Auch musten wir wochentlich dreimal Sauerkraut, welches die Eng-

Engländer, da wir Deutsche ihnen die Art es zuzubereiten gelehret hatten, sehr gern assen, und zweimal Suppen, die von einer aus Flrisch gekochten Gelée und Erbsen zubereitet waren, essen.

Sobald wir an einer Insel landeten, musten gleich Leute ausgeschickt werden, um frisches Grünes zu sammeln; und dieses muste in den Suppen gegessen werden: war aber nichts zu haben, so musten die Netze ausgeworfen werden, damit neuer Vorrath von Fischen gesammelt, und dadurch die Nahrung an Fleisch vermindert würde. Konnten aber frische Lebensmittel eingekauft werden, so war dieses seine erste Sorge; und durch diese kluge Veranstaltungen brachte er es so weit, daß niemals nur ein Merkmal des Scorbuts auf dem Schiffe sich äusserte.

Auf den amerikanischen Küsten und in Neuseeland brauten wir Bier, da wir von verschiedenen Bäumen die Gipfel abhaueten, selbige in Wasser kochten, und dann auf eine halbe Ohm solch gekochten Wassers eine Maas eines aus Malz gekochten Liqueurs, und 5 bis 6 Pfund Zucker hineinwarfen. Dieses war ein sehr angenehmes und gesundes Getränke, welches wir statt des Brandtweins genossen; und ob zwar viele den Herrn Cook beschuldigten, daß er dadurch seinen eigenen Nuzen wegen dem ersparten Brandtwein suche, so glaube ich doch, daß dieses Bier eine Haupturfache der erhaltenen Gesundheit seye.

„Sobald einer vom Schiffsvolk erkrankte, wurde ihm einer zur Versorgung zugegeben; und Herr Cook selbst fragte nach allen Kranken; wieß die Aerzte zu ihrer Verpflegung an, und erschöpfte die Pflichten eines Vaters. War etwas Frisches zu haben, so war es besonders für den Kranken bestimmt; auch bekam er täglich von der vorhin gemeldeten Gelée-Suppe, und besonders Wein und Thee, welche Herr Cook zu diesem alleinigen Ziel und Ende bei sich hatte. Unsere Aerzte und Chirurgi waren sehr geschickte Leute, denen ich das Zeugnis beilegen muß, daß sie einen Bein- und einen Armbruch, jeden innerhalb 8 Wochen geheilet, und beide Leute Woodfield, und Wacker, die hieran gelitten, völlig hergestellet haben, welches auf der See gewiß merkwürdig ist.

Die allgemeine Bestürzung, die der Tod unseres Kommodore verursacht hatte, ist der schönste Lobspruch für Herrn Cook. Alles auf den Schiffen war verstummt, niedergeschlagen, empfand seinen Vater verlöhren zu haben; und man siehet dieser Reisebeschreibung selbst an,

daß

daß nach seinem Tode der Erforschungsgeist, die Entschlossenheit, der feste Muth verlohren gewesen.

Die traurige Erinnerung, welche den Tag, als wir die wiedergebrachten Stücke seines Körpers in die See begruben, begleitete, preßte fast allem Volk Thränen aus, und ich setze hier hinzu: hätte das Schicksal gewollt, daß ein anderer Offizier sein Leben in einem solchen Vorfall eingebüßet hätte, man würde gesehen haben, wie Cook den Tod eines braven Europäers gerächet hätte.

Dieser Mißhelligkeiten ohngehindert bekamen wir doch alle Nacht von dem Frauenzimmer Besuch auf den Schiffen, die bei uns übernachteten; nur fanden sie sich nicht in solcher Menge wie vorhin ein; denn damals musten öfters mehrere ohne Schlafkameraden wieder an das Land zurückschwimmen. Es wurde das Verbot wegen dem Umgang mit diesen Schönen, das vorhin, wie wir die Insel Nihau zuerst besuchten gemacht worden, zwar nicht ausdrücklich aufgehoben; weil aber durch die angestellte Untersuchung sich ver-

offen-

offenbaret, daß schon unreine Krankheiten auf den Inseln vor unserer Ankunft eingerissen waren, so wurde gern durch die Finger gesehen.

Den 22ten Februarii nahmen wir von O-waihi, nachdem Hr. Capitain Klerk die Resolution als Komobore, und Hr. Lieutenant Gore die Discovery als Befehlshaber bestiegen, und in dieser Eigenschaft dem Schiffsvolke die Bekanntmachung geschehen, unsere Abreise.

Herr Klerk wollte zwar nach dem Plan des Cooks eine genauere Untersuchung der schon oft gemeldeten nächstgelegenen übrigen Inseln anstellen, landete auch auf einer; weil aber das Volk sich gleich in großer Menge versammelte, und er ihm nicht trauete, so segelte er wieder fort und nahm seinen Lauf nach Nihau und der Yams-Insel zu, weil wir dort schon bekannt waren. Auf diesen beiden nahmen wir vom 28ten Februarii bis den 14ten Merz als der eigentlichen Zeit unsers Aufenthaltes auf selbigen verschiedene Lebensmittel ein; und die Einwohner erzählten uns, daß über das von Herrn Cook dem König der Yams-

Insel geschenkte Paar Ziegen unter beiden Inseln inzwischen Krieg entstanden, der König von Nihau dabei getödtet, und die Ziegen in Stücken zerrissen worden.

Von diesen beiden Inseln nahm Klerk eines Theils, weil er noch einen näheren Versuch anstellen wollte, ob keine Durchfahrt zu ergründen, und anderen Theils weil er dachte, daß vielleicht in diesem Jahre die Witterung günstiger wäre, noch näher an den Nordpol dringen zu können, seinen Lauf nach Asien zu.

Den 27ten April sahen wir dieses Land im Grad 50 nördlicher Breite; selbiges war damals noch ganz mit Schnee bedeckt, und auch noch eine ganz grimmige Kälte alda.

Den 1ten May erreichten wir Kamtschatka und warfen Anker in dem Hafen St. Peter und Paul, der noch zur Hälfte zugefroren war. Herr Lieutenant King mit 10 Mann, gieng über das Eis fast eine halbe Stunde in einem dicken Nebel; hatte aber das Glück auf eine rußische Wache, die in einer Verschanzung lag, zu stoßen. Er machte dieser, die über

den

den unerwarteten Besuch, sehr betroffen war, weil er ihre Sprache nicht verstund, Friedens-Zeichen, und erhielt von ihr, daß sie durch einen abgeschickten von Hunden gezogenen Schlitten, dem Gouverneur Herrn Böhm, die Ankunft fremder Schiffe melden ließ. Dieser würdige Mann schickte alsogleich zwei seiner Bedienten, wovon einer ein gebohrner Preuße und der andere ein Ruße, aber von deutschen Eltern war, nebst einem rußischen Kaufmann an unsere Schiffe ab; und diese brachten einen deutschen Brief mit, worin sich der Gouverneur über unsere Ankunft freute, und uns mit dem, was in seinem Vermögen wäre, an Handen zu gehen versprach.

Ich kann nicht ausdrücken, welche Empfindung es bei uns, und bei beiden Bedienten machte, daß wir Landsleute uns sahen; und da ich einen schon aus dem Gesichte als einen Deutschen beurtheilt hatte, so war das Vergnügen seiner seits, der seit 17 Jahren keinen Landsmann gesehen hatte, und das meinige, nicht zu beschreiben.

Herr Capitain Gore, nebst dem Maler Wepper, den wir auf unserem Schiffe hatten, und der die deutsche Sprache sehr wohl verstund, begaben sich alsogleich auf Schlitten zu dem Gouverneur, der in Balgaja-Recka wohnte; und nach 9 Tagen kündigten sie dem Capitain Klerk an, daß der Gouverneur ihn auf seinem Schiffe besuchen werde. Er kam auch würklich, wurde mit 21 Kanonenschüßen bei seiner Ankunft begrüßet, speißte den ersten Tag auf der Resolution, den zweiten auf der Discovery, und wurde bei seiner Abreise abermalen mit 21 Kanonenschüßen und breimaligem Hurrarufen begleitet.

Der Gouverneur Herr Böhm leistete uns allen Vorschub, und unter anderen verehrte er uns 22 Mastochsen von seiner eigenen Viehzucht, die uns überaus angenehm waren. Wir sind überhaupt diesem Manne, der uns besonders freundschaftlich behandelt hat, und uns bei unsern damaligen betrübten Umständen mit allem möglichen an Handen gegangen ist, ganz vorzüglichen Dank schuldig. Wir verhandelten an eige von selbigem abgeschickte Kaufleute verschiedene auf der nördlich amerikanischen Küste gegen ein geringes eingetauschte Zobel- und Bieberpelze, und setzten unsere Reise zu Ende des Maimonats längst der asiatischen Küste gegen Norden zu fort; liesen aber zuvor noch über Kapitain Cooks Tod dem Herrn Gouverneur, der eben damals nach Petersburg abberufen, und auch schon vor uns abgegangen war, schriftlichen Bericht, nebst einigen Geschenken an Naturalien für Ihro Rußisch-Kaiserl. Majestät zurück, den er auch nach England zu befördern gütigst zusagte.

In der Mitte des Monats Julii kamen wir in dem Grad 71 nördlicher Breite an, und trafen Eis in Menge und mehr als vorhin. Wir erlegten hier, wie voriges Jahr auch auf dieser und auf der amerikanischen Küste geschehen war; wieder viele Seerosse, Seekühe, auch etliche Seebären, und siedeten Thran davon. Wir kreuzten hin und wieder; und wo wir eine Oeffnung fanden, stachen wir muthig hinein. Es war aber keine Möglichkeit über den 71sten Grad dem Nordpol uns zu nähern, indem wir den 1sten August mit der Diskovery ganz vom Eis umringet und eingeschlossen wurden. Wir saßen bei 12 Stunden fest, die Resolution kam aber wieder glücklich aus dem Eis heraus. Zum Glück erhob sich ein südwestlicher Wind, zertheilte das Eis wieder, wodurch wir in Stand gesetzt wurden der Resolution nachfolgen zu können. Die Diskovery wurde im Eis sehr beschädigt, und wir musten Tag und Nacht, bis wir in Kamtschatka in der Mitte des Septembers wieder in den Hafen einliefen, das Wasser auspumpen.

Herr Klerk starb 3 Tage zuvor, ehe wir dieses Land erreichten, an einer Auszehrung; wir begruben selben auf jenen Platz, wohin nach Angeben des Popen die Kirche verleget wird.

Herr Lieutenant Gore wurde hierauf als Kommodore, und Herr Lieutenant King als Befehlshaber auf der Diskovery dem Schiffsvolke bekannt gemacht.

Auf die von dem abgegangenen Herrn Gouverneur Böhm noch gemachte Bestellung, wurden wir in Kamtschattschatka mit neuem Thauwerk und Segeltuch, so uns bei der langwierigen Reise mangelte, hinlänglich versehen, und uns abermal von dem neuen Herrn Gouverneur 17 Mastochsen geschenket.

Bey der hier vorgenommenen Ausbesserung der im Eise beschädigten Diskovery nahmen wir wahr, daß eine ohngefehr 5 Schuh lange und 2 Schuh breite Planke unten am Bug so hineingetrieben war, daß der Zimmermann solche mit der bloßen Faust vollends einstoßen konnte; gleichwohl sind wir durch die göttliche Vorsehung den weiten Weg über noch glücklich erhalten worden.

Als wir auslaufen wollten, und wegen widrigem Winde in dortigem Meerbusen verweilen mußten, fiengen auf einmal drei feuerspeiende Berge, die auf 22 englische Meilen entfernt waren, stärker, als sonst, nach Aussage der dortigen Leute gewöhnlich war, an zu toben. Steinger ohngefehr in Form und Größe einer Bohne wurden wie Hagel auf das Schiffsverdeck geworfen, daß niemand dort bleiben konnte. Der ganze

Himmel war trübe, und durch das Trübe sahe man die durchdringenden Blitze durch; das Toben dauerte 10 Stunden, und wir verliessen endlich, da sich der Wind gewendet hatte, diesen Ort.

In der Mitte des Octobers traten wir die Rückreise nach Hause würklich an, und nahmen unsern Lauf nach der von Hrn. Clerk zurückgelassenen schriftlichen Bemerkung gegen Ostindien und dem Vorgebürge der guten Hoffnung zu. Wir liefen an der südlichen Küste von Japan vorbei; suchten uns den mit ihren Kahns herausgekommenen Japaneser-Einwohnern zu nähern, und mit ihnen Gemeinschaft zu machen. Dieselben giengen aber, als sie es bemerkten, gleich wieder an die Küste zurück. Wir liefen hierauf gegen China zu; unterwegs suchte Hr. Gore aber noch zuvor die versunkenen Tretersinseln auf, um zu erforschen, ob selbe von den Spaniern recht niedergelegt seyen. Wir stiessen zwischen 12 und 1 Uhr Nachts von ohngefehr auf dieselben in einem starken Sturm, und wären beinahe unsere beiden Schiffe gescheitert. Mit ausserordentlicher Mühe machten wir uns in

sel-

selbiger Nacht wieder davon ab; und den andern Tag, wie der Sturm nachgelassen, giengen wir wieder dahin. Wir fanden, daß diese Inseln um 3 Grad in der Breite von den Spaniern aus dem Weg gelegt worden.

In China liefen wir vor Macao ein; hier hörten wir die erste Nachricht, daß zwischen Großbrittannien und Frankreich auf der See Krieg sey. Man sagte uns zwar, daß wir von Frankreich garantiret wären; wie zweifelten aber an diesem Angeben, tauschten daher noch sechs Kanonen von einem da gelegenen portugiesischen Schiffskapitain gegen einen Anker ein. Wir machten uns auch ein Bollwerk von unserem alten Thauwerke um unsere Schiffe, und versahen uns sohin auf allen Fall zum Streit. Immittelst trafen vor dem Hafen vor Macao auch 2 Königlich spanische kleine Kauffartheischiffe, die von Manilla kamen, und sehr schwer mit Geld beladen waren, ein. Dieselbe hielten sich, weilen sie vermuthlich unsere Gegenwart erfahren, 4 Tage lang ausser dem Hafen auf; endlich aber liefen sie nächtlicherweil in denselben ein, reterirten sich unter die

Kano-

Kanonen vor Macao, und liessen ihre ganze Ladung von Geld (die dem Vernehmen nach zusammen in 7 Millionen spanischen Thalern bestund) gleich ans Land bringen. Dieser Vorgang befremdete uns zwar; wir konnten aber damals noch nicht klug daraus werden, was dieses bedeuten sollte, und warum es geschehe.

Die Chineser liessen uns durchaus keine frische Lebensmittel zukommen; ein anderer, auch allda gelegener portugiesischer Schiffskapitain, der von Geburt ein Irrländer war, ließ sich täglich dreimal soviel als er nöthig hatte, abgeben, und theilte uns den Ueberfluß mit. Dieser Umstand nöthigte den Hrn. Lieutenant King in einem ohnehin nach Kanton abgegangenen portugiesischen Kauffartheischiffe sich dahin zu begeben, und ausdrücklichen Befehl zu Abgebung der nöthigen Lebensmitteln an die Mandarinen auszuwürken.

Im Verfolg unserer Heimreise giengen wir durch die Straße von Sunda; sprachen aber noch zuvor bei Batavia zwei uns begegnete holländische Ostindienfahrer, die uns die weitere Nachricht gaben, daß Spanien

nien auch im Krieg mit verwickelt, diese uns nicht, aber die Franzosen sicher garantirt hätten. Aus diesem konnten wir alsdann erst abnehmen, warum bei Macao die beiden spanische Schiffe eine uns so befremdlich vorgekommene Rolle gespielet haben.

Am Kap der guten Hoffnung versahen wir uns mit frischen Lebensmitteln; und um allen Feindseligkeiten auszuweichen, giengen wir über Schottland nach Haus, trafen allda den 22sten August vorigen Jahrs auf einer der Orcadens-Inseln ein. Wegen widrigem Winde konnten wir aber erst am Ende des Sept. gemeldten Jahres zu Deptfort einlaufen, und unsere so beschwerliche und bei 4 1/2 Jahr angedauert habende Reise vollenden.

Auf der Resolution sind nebst dem auch als Kommodore darauf verlebten Kapitain Klerk in allem inzwischen nur 6 Mann eines natürlichen Todes verstorben. Auf der Diskovery aber starb kein einziger. Mit dem Kapitain Cook sind auf jener zu O-waihi 5 Mann erschlagen worden, auf dieser, wie schon erwehnet, 2 ertrun-

ertrunken, und einer wurde im Sturm gewaltsam wider den Mast geworfen. Der ganze Verlust besteht also in 14 Mann, und hat während der Reise niemals eine allgemeine Krankheit auf beiden Schiffen geherrschet.